# COMIGO NO CINEMA
## Reflexões depois do
## THE END

Livros da autora pela **L&PM** EDITORES:

*Cartas extraviadas e outros poemas* – Poesia
*Coisas da vida* – Crônicas
*Comigo no cinema* – Crônicas
*Divã* – Romance
*Doidas e santas* – Crônicas
*Felicidade crônica* – Crônicas
*Feliz por nada* – Crônicas
*Fora de mim* – Romance
*A graça da coisa* – Crônicas
*Liberdade crônica* – Crônicas
*Um lugar na janela* – Crônicas de viagem
*Um lugar na janela 2* – Crônicas de viagem
*Martha Medeiros: 3 em 1* – Crônicas
*Montanha-russa* – Crônicas
*Noite em claro* – Novela
*Non-stop* – Crônicas
*Paixão crônica* – Crônicas
*Poesia reunida* – Poesia
*Quem diria que viver ia dar nisso* – Crônicas
*Simples assim* – Crônicas
*Topless* – Crônicas
*Trem-bala* – Crônicas

# Martha Medeiros

# Comigo no cinema
## Reflexões depois do
## THE END

L&PM
EDITORES

Texto de acordo com a nova ortografia.

As crônicas deste livro foram originalmente publicadas nos jornais *O Globo* e *Zero Hora*.

*Capa*: Marco Cena
*Preparação*: Mariana Donner da Costa
*Revisão*: Lia Cremonese

CIP-Brasil. Catalogação na publicação
Sindicato Nacional dos Editores de Livros, RJ.

M44c

Medeiros, Martha, 1961-
    Comigo no cinema: reflexões depois do The End / Martha Medeiros. – 1. ed. – Porto Alegre [RS]: L&PM, 2019.
    232 p. ; 21 cm.

    ISBN 978-85-254-3914-7

    1. Crônicas brasileiras. I. Título.

19-60731          CDD: 869.8
                      CDU: 82-94(81)

Vanessa Mafra Xavier Salgado - Bibliotecária - CRB-7/6644

© Martha Medeiros, 2019

Todos os direitos desta edição reservados a L&PM Editores
Rua Comendador Coruja, 314, loja 9 – Floresta – 90.220-180
Porto Alegre – RS – Brasil / Fone: 51.3225.5777

Pedidos & Depto. Comercial: vendas@lpm.com.br
Fale conosco: info@lpm.com.br
www.lpm.com.br

Impresso no Brasil
Primavera de 2019

# Sumário

Prólogo ................................................................... 9
Oásis (*Paterson*) ................................................... 13
Um amor do início ao fim
(*Monsieur e madame Adelman*) ........................ 15
20 Segundos de insanidade: por que não?
(*Compramos um zoológico*) ............................... 18
Elle (*Elle*) .............................................................. 21
Um poema filmado (*Um beijo roubado*) ............ 24
Sobre cada um de nós (*Animais noturnos*) ........ 26
A baixa cotação dos off-lines (*Eu, Daniel Blake*) ... 29
Amores ideais (*A garota ideal* e *Ela*) .................. 32
Aquarius (*Aquarius*) ............................................ 35
Todos os sentidos da vida (*Mulheres do século XX*) ... 38
Palhaços (*Bingo, o rei das manhãs*) .................... 41
Laços (*Estrela solitária*) ........................................ 44
Beleza (*Real beleza*) ............................................. 47
Elogio à memória (*Para sempre Alice*) ............... 50
Chegue mais perto (*A garota dinamarquesa*) ..... 53
Apaixonados (*Crimes e pecados*) ........................ 56
Relatos selvagens (*Relatos selvagens*) ................. 59
Todos os dias em cartaz (*Boyhood*) .................... 62

Amy (*Amy*) .................................................................. 64
The brothers (*Eight Days a Week*) ............................... 67
Me chame pelo seu nome (*Me chame pelo seu nome*) ..... 70
Nenhuma mulher é fantasma (*Volver*) ........................ 73
Para que lado cai a bolinha (*Match Point*) .................. 76
Som e fúria (*O discurso do rei*) ..................................... 79
Dois em um (*Cisne negro*) ............................................. 82
O submundo (*Linha de passe*) ...................................... 85
Livre (*Livre*) .................................................................. 88
Paris, te amo (*Paris, te amo*) ......................................... 91
A bolha (*Biutiful*) .......................................................... 94
Eu, você e todos nós (*Eu, você e todos nós*) ................... 97
Babacas perigosos (*Alpha Dog*) .................................. 100
Que horas ela volta? (*Que horas ela volta?*) ................ 103
Vai, vai, vai...Viver (*Vinicius*) .................................... 106
O poder terapêutico da estrada
   (*On the Road* e *Aqui é o meu lugar*) ....................... 109
Pirâmide de erros (*Magnólia*) ..................................... 112
Muito barulho por tudo (*Shine a Light*) ..................... 115
All we need is love
   (*Across the Universe* e *Um lugar na plateia*) .......... 118
Homens (*O que os homens falam*) ............................... 121
Percepções (*O lutador*) ................................................ 124
Uma homenagem aos errantes (*Frances Ha*) ............. 127
Amputações (*127 Horas*) ............................................ 130
Meryl Streep, chorai por nós (*As pontes de Madison*) ... 133
Plano-sequência (*Birdman*) ........................................ 136
Jogo de cena (*Jogo de cena*) .......................................... 139
O mundo segundo as crianças (*Primeira geração*) ...... 142
A festa de Margarette (*A festa de Margarette*) ........... 145
Arte e domesticação (*Cazuza, o tempo não para*) ....... 147
Infidelidade (*Infidelidade*) .......................................... 150

As garotas do calendário (*As garotas do calendário*) ...... 152
Dar-se alta (*Igual a tudo na vida*) ...... 155
Interrompendo as buscas (*Closer: perto demais*) ...... 158
Diálogo comigo mesma (*Mar adentro*) ...... 161
Luz, câmera e outro tipo de ação
   (*Antes do pôr do sol*) ...... 164
Intimidade (*Encontros e desencontros*) ...... 167
Aula de cinema (*A pele que habito*) ...... 170
Janela da alma (*Janela da alma*) ...... 173
Picasso e a arte dos desiguais (*Os amores de Picasso*) ... 175
Para Woody Allen, com amor
   (*Para Roma, com amor*) ...... 178
Medianeras (*Medianeras*) ...... 181
Vampirismo (*Cidadão ilustre*) ...... 184
A grande beleza (*A grande beleza*) ...... 187
Sobre café e cigarros (*Sobre café e cigarros*) ...... 190
Embriagado pela vida (*BR 716*) ...... 192
Atemporal (*Acima das nuvens*) ...... 195
Minimalismo (*Minimalism*) ...... 198
Imitação de vida (*Nas profundezas do mar sem fim*) ..... 201
Sisters (*Caramelo*) ...... 204
Insatisfação crônica (*Vicky Cristina Barcelona*) ...... 207
Vidas secas (*O garoto da bicicleta*) ...... 210
O básico (*Saneamento básico*) ...... 213
O ônibus mágico (*Na natureza selvagem*) ...... 215
Pacaio (*Você vai conhecer o homem dos seus sonhos*) ..... 217
Bendita maldita (*Cássia Eller*) ...... 220
Do ataque de nervos ao ataque de risos
   (*Deixe a luz do sol entrar* e *Gloria Bell*) ...... 223

Índice remissivo de filmes ...... 227

# Prólogo

Eu achava que o primeiro filme que tinha visto fosse *Submarino amarelo*, mas minha mãe disse que eu já tinha uns oito anos quando assisti à animação psicodélica dos Beatles. Ela jura que vi *O mágico de Oz* antes dos oito. Enfim, memória nunca foi o forte da família, mas uma coisa é certa: nunca mais deixei de ir ao cinema desde então. Cada filme que assisti ajudou a marcar a fase da vida em que eu estava, começando por toda a franquia Walt Disney, depois os filmes do Roberto Carlos (*Em ritmo de aventura*, *O diamante cor-de-rosa*, *A 300 km por hora*), minha paixonite por Ryan O'Neal em *Love Story*, o deslumbramento com *Dersu Uzala*, eu ludibriando a moça da bilheteria em *Nosso amor de ontem* (meu primeiro filme impróprio para menores de dezoito, que assisti aos catorze), incontáveis matinês no cinema da SAPT, em Torres (batendo os pés contra o piso de madeira a cada vez que o rolo do filme escapava do projetor), depois a fase cabeçona do Cine Bristol (retrospectivas de Godard, Hitchcock, Fellini), os filmes politizados da Sala

Vogue (*A batalha de Argel, Feios, sujos e malvados, Z, Estado de sítio*), os filmes brasileiros que concorriam no Festival de Gramado (de Arnaldo Jabor, Tizuka Yamasaki, Bruno Barreto, Cacá Diegues, destacando o inesquecível *Marvada carne*, de André Klotzel), e aí Wim Wenders, Almodóvar, Irmãos Coen, Jim Jarmusch, Robert Altman e ele, o genial judeu do Brooklyn de quem ninguém mais me aguenta ouvir falar.

*A força de um ato*
*dura o tempo exato*
*para ser compreendida*
*Depois disso é bobagem*
*vira longa-metragem*
*por acaso estendida*
*Fora o essencial*
*nada mais é natural*
*vira apenas suporte*
*Pena a vida não ter corte*

Já eram centenas de filmes no meu currículo sem escrever uma única linha sobre eles, já que eu ainda nem sonhava em ser colunista de jornal, mas cometi os versos acima no meu primeiro livro de poemas, *Strip-Tease*, de 1985. Já entendia que de todo filme se extraía uma essência, e que era essa essência que me ajudaria a pensar o mundo. Tinha uma queda por dramas intimistas, mas reverenciava também as inúmeras comédias que ajudavam a formatar meu humor – de Monty Python até bobagens adoráveis como *Apertem os cintos... o piloto sumiu!* Até hoje sou seduzida por quem me faz rir.

Saí uma única vez na metade de um filme (*Hiroshima, meu amor*), não por desprezo, mas porque minha pressão caiu e eu desmaiei. Acordei com o nariz enfiado num copo de uísque num sofá do Instituto Goethe. Papelões, quem nunca?

Corta.

Entrei nos trinta e virei colunista de jornal, com liberdade para escrever sobre o que quisesse. E escrevi. Mas sentia falta de contextualizar. Por que falar de adultério justo hoje? Por que trazer à tona a violência juvenil no próximo domingo? Por que solidão agora e não semana que vem?

Passei a procurar ganchos: uma notícia que havia escutado no rádio, uma consulta astrológica, um livro que estivesse lendo. Eles me pegavam pela mão e me conduziam à reflexão que me interessava fazer – e que, se eu tivesse sorte, interessaria ao leitor também. O cinema exerce esse mesmo papel. Quando eu ficava horas feito um zumbi diante da tela em branco do computador, sem conseguir iniciar a primeira frase, desistia, pegava minha bolsa e ia me instalar nas últimas fileiras do Cinemark, do Arteplex, do Guion. De lá saía com a semente da crônica que seria escrita assim que eu retornasse, com o filme ainda se desenrolando dentro de mim, e ao mesmo tempo liquidando com a ansiedade do prazo de entrega. Habemus assunto, sossega.

Corta.

O tempo passou. Pensei: por que não reunir, em um livro, os textos que foram inspirados por filmes? Cinema é minha segunda paixão, talvez até se equipare com a literatura. Juntar as duas artes num mesmo projeto acordou minhas borboletas no estômago. Mas, atenção, spoiler: não escrevo resenhas, não é crítica especializada. São apenas pensamentos e sensações que voltaram comigo pra casa depois de eu assistir a um road movie do Walter Salles, depois de ver o documentário sobre Amy Winehouse, depois de trancar o choro com o desfecho de *As pontes de Madison*. Aquilo que retive depois que as luzes da sala se acenderam. Aquilo que eternizou, para mim, uma obra desprezada pelo Oscar e que não ficou nem uma semana em cartaz. Aquilo que me comoveu diante da telona e que, horas depois, procurei entender por quê, escrevendo a respeito. O cinema como pauta. O cinema como terapia. O cinema como espelho. Às vezes, bastou um final de impacto para eu glorificar o filme. Outras vezes, bastou o começo. Ou um coadjuvante do elenco. A reviravolta do roteiro. A trilha sonora. O pedaço de um diálogo – e a fisgada. Ou ela doía em mim, ou me curava.

    Antigamente os filmes terminavam com um "The End" escrito no meio da tela. Hoje, a gente espera pelos créditos finais e mesmo assim se pergunta se tudo acabou mesmo. Alguns não acabam. Ficam na nossa vida muito além da última cena.

Martha Medeiros

# Oásis

*Paterson*, dir. Jim Jarmusch, 2016

Os desertos me atraem. O silêncio absoluto em meio a um universo infinito. Nenhuma ansiedade, apenas o contato profundo consigo mesmo.

Vivo no oposto de um deserto, numa urbe habitada por muita gente, sonorizada por buzinas e freadas. Uma cidade que, como outras, induz a um comportamento automático e racional: trabalhar para ganhar meu sustento, trazer comida pra casa, combater meu sedentarismo com atividades físicas, socializar com meus pares, me informar sobre o que acontece no mundo, compartilhar minha opinião nas redes sociais, cuidar da minha saúde e da minha aparência. Nada disso é um castigo, mas toma todo o meu dia e, quando dou por mim, é hora de ir para a cama e dormir.

Algumas pessoas meditam, outras rezam, outras ainda se refugiam num bom livro – as escapatórias necessárias, uma volta para dentro de si, aquele momento chamado "seu", tão fundamental.

Tenho os meus, e hoje em dia eles têm acontecido com mais regularidade dentro de uma sala de cinema. Não abro mão do ritual: deslocamento, compra do ingresso, escolha do assento, luzes apagadas, foco. É onde todos os meus instintos afloram (inclusive os assassinos: se você também não suporta quem faz barulho com sacos de balas e pipocas, testemunhe a meu favor caso eu vá a julgamento).

Esta semana assisti a *Paterson*, de um dos meus cineastas prediletos, Jim Jarmusch. Nada mais precário que um resumo de filme em três linhas, mas é sobre um motorista de ônibus que todos os dias, após o trabalho, leva seu cachorro pra passear pelo mesmo trajeto, toma uma cerveja no mesmo bar e volta para os braços da sua linda e mesma esposa, dormindo o sono dos justos – entrementes, escreve poemas num caderninho.

Só isso. Tudo isso.

Por tudo, entenda-se: todo dia repetitivo é também um novo dia. Há poesia no cotidiano. Carinho também é amor. É preciso delicadeza na prática de qualquer convivência. Ninguém é igual aos outros e ninguém é muito diferente dos outros. O que nos comove está sempre no subtexto.

*Paterson* é um oásis neste deserto às avessas, onde vivemos com muito barulho sem sentimento, muito movimento sem pausa, muita relação sem entrega. *Paterson* é um momento só seu para extrair de dentro da alma. Esta mesma alma que me escapa agora pela ponta dos dedos.

## Um amor do início ao fim

*Monsieur e madame Adelman*, dir. Nicolas Bedos, 2017

Nunca passei uma noite cheirando cocaína, mas imagino que o efeito seja parecido com o que senti ao sair do cinema depois de assistir ao filme *Monsieur e madame Adelman*: difícil ficar em silêncio ou não dançar pelo estacionamento do shopping, onde duas horas antes havia deixado meu carro, meio desanimada, sem saber o que esperar desta produção francesa. Aviso: espere tudo e prepare-se para receber muito mais.

O filme conta a história de Victor e Sarah, que se conheceram num bar decadente de Paris em 1971 e tiveram suas vidas interligadas até 2016. Faço a conta pra você: 45 anos de um amor irreversível e com todas – eu disse TODAS – as reviravoltas possíveis, imagináveis e inimagináveis. Um roteiro escrito por dois alucinados: o próprio casal protagonista, Nicolas Bedos e Dora Tillier.

Nunca tive dúvida sobre qual é a maior aventura da vida. Com todo o respeito a navegadores, montanhistas e motoqueiros: relacionamentos amorosos é que produzem as vertigens mais cambaleantes. Se forem amores variados, serão abalos sísmicos de diferentes graus. Se for um amor único e eterno, os dados estão lançados: ou será um tédio interminável ou uma viagem lisérgica. O casal do filme protagoniza um amor do segundo tipo. A poltrona do cinema deveria ter um cinto de segurança para a gente manter apertado durante o voo.

Não vou entregar detalhes, mas é fácil imaginar o que acontece a partir de um flerte num bar entre uma garota aparentemente sem graça e um escritor bebum, passando por desencontros, encontros, apresentações à família, casamento, filhos, separações, terapias, reconciliações, traições, até os dois entrarem naquela zona acinzentada da terceira idade. A boa notícia é que não dei spoiler: falei do previsível. O imprevisível é que fascina do início ao fim.

Se não posso falar de cada cena para não tirar a graça, posso ao menos falar desse tipo de filme que nos captura com uma mão invisível e nos leva até um platô acima do julgamento moral. Ando detestando julgamentos morais como nunca antes. O filme é uma redenção nesse sentido. Tudo o que acontece é exagerado, mas nada é implausível. Reconheçamos: entre as nossas quatro paredes, não há circo, nem teatro, nem hospício que se compare. Você sabe, eu sei. Já vivemos cenas que, se contarmos para os outros, nos internam. Mas se filmarmos, ganharemos o Oscar.

Só que ninguém está pensando em prêmio. Aliás, uma das frases do filme: "O que acontece entre duas pessoas é muito mais importante do que qualquer fama ou glória".

É isso: a gente passa por vários perrengues na vida, e a recompensa é o perrengue em si, que torna nossa trajetória passível de ser recordada como algo que valeu a pena, e não apenas um acúmulo de dias repetitivos e enfadonhos. O que salva nossa biografia, no final das contas, é a loucura da nossa intimidade.

# 20 Segundos de Insanidade: Por Que Não?

*Compramos um zoológico*, dir. Cameron Crowe, 2011

Fui assistir a *Compramos um zoológico* nem tanto pelo casal protagonista, Matt Damon e Scarlett Johansson, e sim porque gosto muito do trabalho do diretor Cameron Crowe, e sabia que ao menos a trilha sonora estaria garantida, nisso ele é craque. O filme não tem a pegada dos trabalhos anteriores dele, mas não foi perda de tempo. É um filme terno, leve, bem família, ao estilo Walt Disney, com todos os elementos que caracterizam esse tipo de produção: órfãos, bichos, romance, uma garotinha que é um encanto e a confortadora previsibilidade protegendo contra qualquer susto.

Além da trilha sonora, que realmente não desapontou, o filme vale pela bela cena final e por uma rápida frase interrogativa que se destaca no roteiro. Mas, antes, a história do filme: um homem na faixa dos trinta/quarenta anos fica viúvo e resolve dar uma mexida radical na rotina. Ao buscar uma nova casa, acaba adquirindo uma residência abandonada de dezoito hectares que abriga um zoológico prestes a ser desativado caso o novo dono da propriedade não invista pesadamente no negócio. Você tem ideia de como se administra um zoológico? Matt Damon também não, e os filhos dele, muito menos. Por que alguém se habilitaria para esse fracasso anunciado?

Ao ser questionado sobre a roubada em que se meteu, o personagem de Damon não encontra uma resposta plausível. Só lhe resta devolver a pergunta com outra pergunta: por que não?

É um filme sobre possibilidades nunca antes cogitadas. É sempre mais confortável transitar em terreno conhecido, mas que transformação advém da comodidade? Pois é, nenhuma. No filme, o pai ensina para o filho adolescente: há um momento na vida – ou até mais de um – em que é preciso reunir vinte segundos de coragem, sem pensar nas consequências. Bastam vinte segundos para se declarar a alguém sem nenhuma segurança de reciprocidade, ou vinte segundos para dizer a um corretor: fico com essa casa estropiada. Vinte segundos de ousadia, por que não?

Perguntar-se "por que não?" me parece estimulante para começar um novo ano. Exigem tanta explicação para nossas escolhas que se torna libertador devolver aos nossos inquisidores um "por que não?". Qual é o problema de se aventurar? Mesmo os ponderados, da qual sou representante de turma, reconhecem que chega uma hora em que o convite para arriscar merece ser atendido. O pior que pode acontecer é tudo dar errado. Pior em termos. Dar errado não é tão ruim diante da alternativa de nunca ter tentado.

Eu não compraria um zoológico nem sob a mira de um rifle automático, mas a história aconteceu de verdade e, bem, o resto o filme conta. Se você prefere um cinema mais adulto e palpitante, assista ao ótimo *Tudo pelo poder*, que mostra por que os idealismos são tão frágeis nos dias de hoje, mas se o objetivo for diversão, comoção e uma pitada de incentivo para viver de uma forma menos burocrática, *Compramos um zoológico*, por que não?

# Elle

*Elle*, dir. Paul Verhoeven, 2016

Há uma cena no filme *O fabuloso destino de Amélie Poulain*, de 2001, em que a personagem de Audrey Tautou observa vários prédios de Paris e se pergunta quantas pessoas estariam, naquele instante, tendo um orgasmo. Não é incomum termos esse mesmo pensamento quando nos deparamos com centenas de janelas a nossa frente, denunciando a existência de um sem-número de apartamentos, cenários de toda espécie de intimidade e segredos.

Moro de frente para um mar de edifícios e permito que minhas indagações sejam ainda mais indiscretas: quais serão as verdades inconfessas que vivem em cativeiro, que nunca atravessam a porta da frente, que ficam escondidas por trás das cortinas? Elas não saem para piqueniques no parque, não cumprem expediente no escritório, não aparecem nas conversas com os amigos – socialmente, entregamos apenas uma versão condizente com o status quo e de fácil digestão para a plateia. É dentro de casa que a gente urra, chora, transa, transcende e morre uma, duas, três vezes ao dia. É entre quatro paredes que deixamos escoar pela pia e o chuveiro os nossos pequenos fracassos, é no ambiente privado de cada um que os problemas ganham permissão para ir do quarto ao banheiro, do banheiro à sala, de pés descalços. É a portas fechadas que nossa verdade mais absoluta anda despida.

Não encaro isso como uma visão derrotista do ser humano – óbvio que é em casa também que dançamos em frente ao espelho, que recebemos os amigos mais indispensáveis, que celebramos o sucesso de ter uma vida boa. Estou falando do que há de secreto por trás de tudo – dor e prazer.

Toda essa elucubração foi despertada por outra produção francesa, *Elle*, atualmente em cartaz com a estupenda Isabelle Huppert vivendo um papel de empoderada que pode vir a irritar algumas feministas – e se uma mulher quiser tirar proveito de um estupro para liberar-se de traumas ainda piores, como fica? Não é um filme para amadores. A perversidade tem papel de destaque, ora apoiada no humor negro, ora justificada como fetiche, ora simplesmente gratuita – faz parte do jogo. Aliás, a personagem principal é uma executiva que administra uma empresa criadora de games violentos. Ela sabe que o brutal sempre vem acompanhado de extrema excitação.

Nenhuma apologia ao crime. Apenas um filme para adultos capazes de compreender que ao retirarmos as camadas que revestem nossa pretensa normalidade, aparece o que o skyline das cidades esconde: histórias particulares repletas de carências, fantasias e rendição a desejos muitas vezes embaraçosos, mas que a vergonha nunca impediu que se realizassem. Por trás das janelas ao longe, as pessoas não estão apenas transando, mas compensando-se.

# UM POEMA FILMADO

*Um beijo roubado*, dir. Wong Kar Wai, 2007

Recomendei, cerca de um mês atrás, a trilha sonora de *My Blueberry Nights*, que é excelente. Agora vi o filme, que no Brasil ganhou o nome de *Um beijo roubado*. É sobre o quê, esse filme? Sobre absolutamente nada, a não ser a vida, essa que passa pela nossa janela sem roteiro, sem diálogos geniais, simplesmente a vida que nos convida: vai ou fica?

A vida, essa que nos faz entrar em bares suspeitos, chorar de amor, espiar pelas frestas, pegar no sono em cima do balcão depois de beber demais. É noite escura e a gente sofre calado, deixa a conta pendurada, bebe de novo quando havia prometido parar, e morre – morre mesmo! – de ciúmes, sem ter tido tempo de saber que éramos amados.

A vida e nossos vícios, nossas perdas, nossos encontros: quanto mais nos relacionamos com os outros, mais conhecemos a nós mesmos, e é uma boa surpresa descobrir que, afinal, gostamos de quem a gente é, e quando isso acontece fica mais fácil voltar ao nosso local de origem, onde tudo começou.

A vida e a espera por um telefonema, a vida e seus blefes, e nosso cansaço, e nossos sonhos, e a rotina e as trivialidades, e tudo aquilo que parece sem graça se ninguém colocar poesia no olhar. A vida e as pessoas belas, feias, fortes, fracas, normais. Todas atrás da chave: aquela que abrirá novas portas, velhas portas, a chave que nos fará ter o controle da situação – mas queremos mesmo ter o controle da situação? Não será responsabilidade demais? Deixar a chave nas mãos do destino é uma opção.

Os sinais fecham, os sinais abrem. Você segue adiante, você freia. A gente atravessa a rua e vai parar em outro mundo, basta dar os primeiros passos. Viaja para esquecer, viaja para descobrir, e alguém fica parado no mesmo lugar, aguardando (quando pequeno, sua mãe lhe ensinou que, ao se perder na multidão, não é bom ficar ziguezagueando, melhor manter-se parado no mesmo lugar, aí fica mais fácil ser encontrado). Muitos estão parados no mesmo lugar, torcendo para serem descobertos.

A vida como uma estrada sem rumo, a vida e seus sabores compartilhados, um beijo também é compartilhar um sabor.

Afinal, vou ou não vou falar sobre o filme? Contei-o de cabo a rabo. Vá com poesia no olhar.

# Sobre cada um de nós

*Animais noturnos*, dir. Tom Ford, 2016

É difícil falar de um filme sem dar spoiler, ainda mais quando se trata de um thriller, então vou me reter a uma cena aparentemente sem importância do eletrizante *Animais noturnos*, de Tom Ford. São três narrativas interligadas, e uma delas mostra o início do relacionamento entre um aspirante a escritor e sua jovem esposa. Cena: ela está deitada no sofá terminando a leitura do primeiro original do marido enquanto ele rói as unhas aguardando o veredito. Quando ela termina, em vez de purpurina, joga um balde de água fria no coitado. A trama não a seduziu. Ela arrisca um conselho: "não escreva sobre você", no que ele rebate: "todos escrevem sobre si mesmos". E sai da sala frustrado.

Cerca de vinte anos depois, já não formam um casal. Ela está instalada num segundo e entediante casamento, quando recebe pelo correio o manuscrito de um novo livro do ex-marido, que pede mais uma vez a sua opinião. Ela então começa a ler e não consegue largar, pois, além de cativante, é uma história aterradora e com consequências trágicas, ou seja, nada do que foi escrito aconteceu de fato – pelo visto, ele seguiu o conselho dela.

E aqui tergiverso, levantando esta questão recorrente sobre o ofício do escritor. Sempre escrevemos sobre nós mesmos ou somos capazes de inventar uma boa história e contá-la sem nenhuma interferência do que nos passa dentro?

Quem se dedica a romances policiais talvez alcance o desprendimento total. Agatha Christie, Georges Simenon, Raymond Chandler e tantos outros que escreveram obras em série eram máquinas de produção de textos, e suas questões particulares não pareciam influenciá-los. Alguns autores brasileiros me dão a mesma impressão: não se misturam com seus personagens. Suas criaturas não revelam nada do que acontece na vida prosaica do criador.

Ainda assim, sei que estou enganada. Porque ao sentar em frente ao computador para escrever, fazemos uma escolha. Escolhemos o tom, escolhemos a atmosfera, escolhemos ir por um caminho e não por outro, e essas seleções vêm daquilo que nos move, interessa, apavora, incomoda ou diverte intimamente. Livros também têm DNA.

Bem disfarçado, mal disfarçado ou às claras: nossa ficção nos espelha – todo tipo de arte, aliás, é um manifesto pessoal. Pode ser transmitido com várias camadas sobrepostas, mas a nossa nudez está ali, encoberta e intuída. *Animais noturnos* é, toscamente resumindo, um filme sobre um livro de suspense que parece não ter nada a ver com nada, mas o sentimento do autor grita e sua principal leitora escuta. Por mais longe que a imaginação vá, alguma verdade sempre é dita ao pé do ouvido.

# A BAIXA COTAÇÃO DOS OFF-LINES

*Eu, Daniel Blake*, dir. Ken Loach e Laura Obiols, 2016

Ela estava sentada à minha frente, gloriosa aos 79 anos, uma mulher ainda bela, com a inteligência intacta, amante dos livros e do cinema, com o bom humor em pleno funcionamento, mas com uma deficiência comum a outros que, como ela, nasceram na idade da pedra lascada: entende bulhufas de computadores. Não usa smartphone, nem tablet, nem iPad. Está alheia ao universo virtual que, segundo ela, não lhe faz a menor falta. Perguntou a mim: "Tenho esse direito?". Ela mesma respondeu: "Descobri que não, não tenho".

Vive sozinha há 25 anos, e os filhos moram em suas próprias casas: a família é unida, mas eles não são onipresentes. Nem ela deseja que estejam na sua cola, é independente o suficiente para fazer suas compras, praticar exercícios, encontrar suas amigas, ir ao banco.

Ah, ir ao banco.

Ela é correntista de um grande banco que foi absorvido por outro grande banco, coisa que todo cliente é obrigado a aceitar sem direito a dar pitaco. Ok, nenhum problema. Só que é uma mulher que gosta de ter tudo na ponta do lápis, até porque este "tudo" não é tanto assim. Ela faz contas, como qualquer cidadã. Através do extrato do cartão de crédito, confere seus gastos mensais. Até que soube que seu banco, sob nova direção, não emitiria mais extratos de papel, apenas extratos on-line. Ela pensou: isso é bom, economia de celulose, mas eles certamente abrirão exceção para quem está fora das redes. E muito calmamente foi até sua agência solicitar a continuidade do recebimento do extrato pelo correio.

Foi tratada como se fosse um alienígena, um ser primitivo a ser estudado por arqueólogos. Saiu de lá sem a solução para essa questão que lhe parecia tão simples, e é.

Pergunta ainda não respondida: idosos (e nem tão idosos) são obrigados a se informatizarem? Humilhá-los é uma forma de punição pelo atrevimento de não terem um iToken?

Se você não viu o filme *Eu, Daniel Blake*, vencedor do Festival de Cinema de Cannes do ano passado, procure assistir por algum canal de streaming: trata da alienação forçada e injusta imposta àqueles que pegaram a revolução tecnológica no meio do caminho e não são mais consideradas pessoas que valham o esforço de um atendimento analógico.

A bela septuagenária aqui citada não é um personagem de cinema. É apenas mais uma entre tantos senhores e senhoras que se sentem excluídos por seus digníssimos gerentes de conta e por outros profissionais que esqueceram que existe vida além dos aplicativos. Até onde sei, o dinheiro de alguém de 35 anos vale o mesmo que o dinheiro de quem tem o dobro dessa idade. Ou não? Bancos, lojas e repartições estão matando seus antigos clientes antes do tempo.

## AMORES IDEAIS

*A garota ideal*, dir. Craig Gillespie, 2007
*Ela*, dir. Spike Jonze, 2013

No filme *A garota ideal*, de 2007, o ator Ryan Gosling vive um cara tímido e introspectivo que compra uma boneca inflável, dá a ela o nome de Bianca e começa a tratá-la como a uma namorada de verdade. Cega, surda e muda, mas com um corpo, ele a leva para passear e a apresenta aos colegas, deixando todos perplexos com esse delírio.

Em determinada cena, uma vizinha, entrando no jogo do rapaz, presenteia a "namorada" dele com flores de plástico, deixando-o comovido: as flores durariam para sempre, como Bianca. Em sua cabeça, ele havia conquistado uma relação eterna, à prova de realidade.

Corta para o excelente *Ela*, filme em cartaz com Joaquin Phoenix vivendo um recém-divorciado que, solitário e carente, se apaixona pela voz de um sistema operacional – outro absurdo, mas é isso mesmo que acontece: ele fala com um smartphone através de um serviço de inteligência artificial que faz parecer que há, de fato, uma pessoa real batendo papo com o cara.

Dessa vez, não há um corpo, mas há uma voz feminina que pergunta, responde, conversa, faz declarações de amor, discute a relação, faz sexo por telefone, dá toda a pinta de que é humana – só que é outra "garota ideal" que não existe.

Em ambos os filmes, os protagonistas tratam as suplentes como gente: um leva a boneca para as refeições à mesa com a família, o outro leva o aparelho tagarela para um piquenique com um casal de amigos. A diferença entre os filmes é que, no primeiro, todos ao redor estão conscientes de que aquela maluquice é um caso isolado. Já em *Ela*, a situação é considerada normal, corriqueira até. Não duvide: em muito pouco tempo estaremos namorando smartphones e quiçá casando com eles.

Se no primeiro filme o protagonista é um desajustado, no segundo é um homem sensível, romântico, que está apenas atravessando uma fossa e encontra na tecnologia uma forma aparentemente menos sofrida de se relacionar. Porém, havendo idealização, sempre haverá a dor da perda – mesmo entre um homem e uma máquina. A única forma de manter uma relação sem brigas, ciúmes e desencantos é não se envolvendo emocionalmente. Ou seja: quem almeja um romance perfeito, que abrace de vez a solidão, a única candidata à altura do projeto.

Parece ficção científica, mas o relacionamento entre pessoas reais e virtuais, que já acontece, em breve será algo convencional. Esse futuro está logo ali, dobrando a esquina. O artificial e o verdadeiro estão cada vez mais próximos e parecidos. Enquanto isso, o melhor é continuarmos nos virando com amores onde há cheiro, toque, pele. Amores que brotam e murcham, dois processos naturais da vida orgânica. Ao menos poderemos guardar deles a lembrança das mãos que acariciaram nossos cabelos e dos beijos de boa noite.

O dia que um smartphone também fizer isso, eu caso.

# AQUARIUS

*Aquarius*, dir. Kleber Mendonça Filho, 2016

Ando desconfiada da minha capacidade de avaliar obras cinematográficas, pois a mais recente estreia do único ídolo que tenho na vida, Woody Allen, não me arrebatou como eu esperava. Fui preparada para gostar, mas devo ser uma das raras pessoas a ter achado *Café Society* razoável, nada além disso. Diante da minha inesperada decepção, considerei que o problema era eu e insisti: entrei numa sala de cinema para assistir a *Aquarius* preparada de novo para gostar. Mas o inesperado aconteceu novamente: gostar foi pouco. Saí completamente arrebatada e comovida.

Por onde começar? Talvez enaltecendo a interpretação incrível de Sônia Braga. Ela está perfeita no hiper-realismo que o diretor Kleber Mendonça Filho impõe como meio de contar sua história: somos voyeurs de cenas que não parecem ter sido escritas e ensaiadas, elas simplesmente existem como existe a nossa vida, exatamente igual.

*Aquarius* mostra a maneira como Clara, uma mulher viúva, com três filhos adultos e que passou por um câncer de mama, reage à insistência de uma construtora para que ela venda o apartamento onde viveu quando jovem, depois viveu com o marido e as crianças, até a solidão madura e bem resolvida de hoje. Ela é a única moradora de um velho prédio em frente ao mar, e não vê motivo para sair dali, mesmo que todos os seus vizinhos já tenham cedido e se mudado.

    *Aquarius* fala sobre integridade. Sobre a dificuldade de abrir mão daquilo que nos constitui, do nosso edifício interno, onde abrigamos nossos valores, mesmo que eles pareçam desatualizados. Clara nos encanta, mas sua teimosia nos confunde: por que ela não vende logo o apê e se livra das incomodações? Porque, mais do que um apartamento, ele é a fortaleza que resguarda o caráter de sua dona. Mais do que um imóvel, é a extensão de seu corpo. A resistência dela não é teimosia. É dignidade concreta.

    Hoje em dia, quase ninguém mais percebe nossos alicerces, aquilo que nos sustenta emocionalmente. No início do filme, uma jovem vai entrevistar Clara, que é expert em música, colecionadora de vinis, mulher de sensibilidade apurada. Dias depois, quando Clara lê no jornal o título que escolheram para a matéria, desilude-se um pouco mais: as pessoas nem ao menos nos escutam, não quando nossa verdade não dá audiência, não gera lucro.

    Somos os últimos sobreviventes de uma era em estado terminal. O analógico e o digital quase não dialogam mais, e a emoção tenta prevalecer sobre a razão, mas até quando?

Clara sabe que há outros cânceres que nos corroem e que também deixam cicatrizes – a ganância, entre eles. Mas se ela venceu um, vai tentar vencer todos.

# Todos os sentidos da vida

*Mulheres do século XX*, dir. Mike Mills, 2016

Assisti ao filme que deveria ter ganhado o Oscar se tivesse concorrido: *Mulheres do século XX*, de Mike Mills, com a estupenda Annette Bening, que também mereceria a estatueta. Na verdade, o filme concorreu apenas na categoria roteiro e não levou. E a Academia deve ter razão, claro. Eu é que tenho uma queda pelos alternativos.

A história se passa em Santa Bárbara, Califórnia, 1979. Dorothea, de 55 anos, vive num casarão antigo que está sendo reformado e cria sozinha o seu filho de quinze, Jamie. Para ajudá-la a educar Jamie, Dorothea convoca reforços: a melhor amiga dele (uma lindinha de dezessete), e uma inquilina outsider de 24. É a força-tarefa que todo adolescente sonha.

Era uma época em que o cigarro ainda não era demonizado e o cinto de segurança não passava de um acessório supérfluo de Fuscas e Mavericks. Logo ali, dobrando a década, iríamos nos apavorar com a Aids, perder John Lennon e começar a ajoelhar para o politicamente correto, sem falar na internet, que viria mudar tudo. Era melhor naquele tempo ou avançamos? Não pergunte para essa minha alma riponga. Há cenas inesquecíveis. Dorothea tentando entender a cultura punk, mas se rendendo, no máximo, ao Talking Heads. A palavra "menstruação" sendo invocada à mesa do jantar para "quebrar paradigmas" – em mais uma atuação carismática da atriz Greta Gerwig. A turma reunida em torno da tevê assistindo a um discurso histórico de Jimmy Carter. E o expressivo ator Lucas Jade Zumann, que interpreta Jamie, nos ganha do início ao fim. Um garoto cool descobrindo a vida e a sexualidade através de três mulheres malucas e divinas.

O título sugere um filme feminista, e também é. Vemos mulheres donas de seus narizes que recusam o título de piranhas só porque privilegiam o sexo, mas também vemos mulheres modernas reivindicando o direito de serem mães e sentindo falta de romantismo e fantasia. Vemos tudo, porque vida é isso – tudo.

Ainda o filme: é sobre o que a gente imagina que seremos no futuro, sem cogitarmos que o destino nos levará para um caminho diferente do que sonhamos. É sobre um "sentido da vida" magnânimo que não existe nem nunca existiu: o sentido está na emoção e perplexidade de cada dia. É sobre a dificuldade de conhecermos alguém profundamente, em suas fragilidades e grandezas. No final das contas, o que somos? Matéria bruta esculpida por desejos, projeções e inocência.

*Mulheres do século XX* é divertido, terno, nostálgico, psicodélico, humano, inteligente, poético, encantador. Um mosaico de pequenas descobertas e um grande consolo: a vida não precisa de sentido. Basta vivê-la.

# Palhaços

*Bingo, o rei das manhãs*, dir. Daniel Rezende, 2017

Nem duas, nem três: são muitas as pessoas que têm medo de palhaço, ou tiveram, quando criança. Não lembro se eu tinha também, mas não me sentia confortável na presença deles. Em primeiro lugar, porque acho desagradável ter a obrigação de rir. Fico gelada quando alguém pergunta: "conhece a piada do...?". Putz. Geralmente digo que conheço e pulo para o próximo assunto, mas certos momentos exigem bons modos, e a gente então escuta e oferece aquele "hahaha" amareladíssimo. Torço sempre para que o contador seja excepcional, porque é ele que torna a piada boa ou não.

Mas voltando ao palhaço. Além de personificar a obrigação do riso, ele me parecia apenas um bobão que tratava a todos como crianças, e eu não queria saber dessa condescendência. Balde com água de papel picado? Acho bonito e poético, desde que eu esteja assistindo ao espetáculo Fuerza Bruta ou qualquer outra encenação adulta. Eu devia ser meio piradinha, mas o fato é que sempre considerei performance de gente grande mais divertida, tanto que meus palhaços preferidos são Woody Allen, Lenny Bruce, Monty Python, a turma do Porta dos Fundos e, aproveitando a deixa para homenageá-lo, Jerry Lewis, que acabou de sair de cena.

O único palhaço de circo que eu gostava não trabalhava em circo, mas na tevê: Renato Aragão. Sim, eu gostava dos Trapalhões, mesmo eles sendo politicamente incorretos, ou talvez por isso.

Pra terminar minha lista de implicâncias, havia o fato de o palhaço estar sempre paramentado com aqueles suspensórios caretas e aquele nariz vermelho manjado – a Lady Gaga, em início de carreira, tinha mais criatividade. Já o figurino do Batman eu curtia, pois o traje de vinil preto, com capa, me parecia sexy. Piradinha e depravadinha.

Bozo? Fala sério.

Mas fui conferir *Bingo, o rei das manhãs*, porque o cinema é uma fantasia que me interessa, e adorei o filme, que vai muito além da mera biografia. Vi ali um homem. Adulto. Impulsivo. Atrevido. Alterado. Valente. Maluco. Um cara que se joga, que se dá bem e que se dana. Que tem uma história, e ela não é uma piada.

Além da atuação intensa e apaixonante de Vladimir Brichta, o filme ajuda a matar a saudade de Domingos Montagner, que muito antes de ser galã da Globo trabalhava como palhaço e dignificava ainda mais essa profissão – o palhaço é um artista. O problema sou eu que, mesmo tendo sido uma menina feliz que usava maria-chiquinha, que andava de bicicleta, que adorava boneca, que brincava no mar com uma planonda vermelha e que lia gibis, já estava de olho na vida adulta, onde o picadeiro é bem mais amplo, o texto bem mais longo e a graça e a desgraça dão-se as mãos sem marmelada.

# LAÇOS

*Estrela solitária*, dir. Wim Wenders, 2005

Se o filme é daqueles que estimulam as pessoas a acampar na frente do cinema um dia antes da estreia, risco da minha lista. Não vou. Mas se é daqueles em que as salas ficam vazias, excetuando três ou quatro abnegados, me sinto atraída. Se você fizer parte deste seletíssimo grupo "do contra", então reserve um tempo para assistir *Estrela solitária*, que não é, nem nunca será, um blockbuster (orçamento de mirrados onze milhões de dólares), mas compensa o preço do ingresso.

Mais uma vez Wim Wenders nos coloca na estrada com personagens outsiders em busca de alguma coisa que está faltando. No caso de *Estrela solitária*, o que falta é, adivinhe, sentido pra vida. A história: depois de muito sexo, drogas e fama, um ator agora decadente abandona um set de filmagens para buscar sabe-se lá o quê no meio da aridez norte-americana. Encontra a mãe, primeiro, que não via há trinta anos. Depois encontra um ex-amor e um filho que não sabia que existia. Encontra a si mesmo? Tenta, ao menos.

O filme é um on the road de trás pra frente: em vez de buscar liberdade e um futuro mais aventureiro, o personagem gostaria mesmo era de ter tido laços mais permanentes, ter tido bem menos liberdade e mais comprometimento. Cá entre nós, numa época em que ninguém quer ser de ninguém, um homem que quer ser de alguém é um tema revolucionário.

Não que o filme tenha essa pretensão. O diretor Wim Wenders – aliado ao roteirista e ator Sam Shepard – é econômico e não pretende fazer carnaval nenhum das emoções. Simplesmente mostra poesia onde há poesia, e um pouco de música boa. Em termos de fotografia, o filme é uma pintura. O homenageado é Edward Hopper, o artista que melhor retratou a solidão e o isolamento do ser humano. Não fosse por nada mais, só por certos enquadramentos já valeria o filme.

Mas vale por mais. Vale pela cena em que Sam Shepard passa 24 horas sentado num sofá abandonado no meio da rua, sem ter para onde ir. Vale pelo jogo de luz e sombras. Vale pela economia de diálogos, pela total falta de frases feitas. Vale para mostrar que personagens fictícios jamais compensarão uma boa vida real.

E vale porque durante duas horas você está dentro de um cinema protegido desta bandidagem que se tornou nossas vidas, onde roubo de carro é notícia, celular em presídio é notícia, onde só é notícia o macabro. Cinema te recupera um pouco dessa esquizofrenia.

Pode ser que você cochile em alguns momentos, se for muito ligado em filme de ação. Mas vá. Nem que seja pra resgatar o belo e descansar de tanto barulho.

# BELEZA

*Real beleza*, dir. Jorge Furtado, 2015

A palavra "beleza", assim, solitária, virou gíria. Vou te buscar às nove. Beleza. Semana que vem estarei em São Paulo. Beleza. Entrou em cartaz o novo filme do Jorge Furtado. Beleza. *Real beleza*, quase acertou.

Poderia comentar as ótimas atuações do elenco, com destaque para a expressiva participação de Francisco Cuoco. Ou salientar a relevância da trilha sonora, que ficou a cargo de Leo Henkin. Ou registrar os ares de *As pontes de Madison* que o filme evoca. Ou ainda celebrar as pausas e a economia dos diálogos sempre precisos do Jorge. Enfim, é mais um produto da grife Casa de Cinema, mas me deu vontade mesmo é de tentar definir o que é beleza, que está muito além de uma simples gíria.

Alguns consideram que o encantamento pelo belo é prova irrefutável da nossa superficialidade. Seria uma declaração de esnobismo. Ora, é justamente o contrário. A apreciação da beleza está intimamente ligada à nossa compreensão do quanto viver é difícil, ou seja, é prova da nossa profundidade. Quanto mais sintonizados com as dificuldades da existência, mais desfrutamos o belo. O valor da beleza está na consciência do que é trágico.

A beleza de um quadro, de uma música, de um jardim, de um poema, de uma paisagem, do perfil de uma moça ou da postura de um rapaz é apreciada justamente pelo contraste com a decrepitude que há em torno, com a decadência das formas, com a frieza dos costumes, com o apodrecimento das intenções, com o feio em nossas vidas. A beleza é o alívio para a desesperança.

Percebê-la é um consolo, uma confirmação de que não fomos sepultados, não capitulamos, não fomos engolidos pela descrença.

Admiro quem reconhece o belo em todas as suas variadas manifestações, quem se sensibiliza com ele em vez de criticá-lo como se fosse algo dispensável. A beleza é sempre uma homenagem. Contemplá-la é um gesto de grandeza. Pobres daqueles que a desprezam, que não percebem que a crueza da humanidade é uma desordem a ser combatida, que julgam natural permanecer em constante estado de dor e não alcançam jamais o êxtase, o enlevo, o deleite que resgata nossa essência.

A beleza de uma pessoa está em tudo que ela é. Tanto em sua aparência física (quando se tem a sorte de nascer com ela), como – e principalmente – na beleza buscada pelo espírito como forma de resistir à hostilidade que nos cerca, à escuridão e sua opressiva nuvem negra. Escapamos do breu através de olhares, silêncios, gestos, sorrisos, sutilezas, delicadezas, instantes, sintonias.

É apenas um filme e não trata de nada disso. Ou trata. Vai depender do seu olhar, do que você enxerga, de quão terna e bela é sua mirada pra vida.

# Elogio à memória

*Para sempre Alice*, dir. Richard Glatzer e
Wash Westmoreland, 2014

O médico britânico Richard Smith gerou polêmica, recentemente, ao afirmar que o câncer é a melhor forma de morrer. Aos que já perderam alguém para essa doença infeliz, a pergunta que fica no ar é: como assim? Dr. Smith explica que entre a morte súbita, a falência múltipla de órgãos, a demência ou um câncer, este último estaria em vantagem por dar ao paciente a oportunidade de se despedir dos seus afetos e prazeres, de refletir sobre a vida, de visitar certos locais pela última vez e de se preparar para a partida conforme suas crenças. A polêmica se acirrou mais ainda quando ele disse que os investimentos para pesquisar a cura do câncer deveriam, ao menos em parte, ser direcionados a estudos sobre as doenças da mente.

A primeira vez que enxerguei o câncer com olhos menos dramáticos foi ao ler o livro *Por um fio*, do dr. Drauzio Varella, em que ele relata sua comovente experiência como oncologista. Agora, ao assistir ao filme *Para sempre Alice* (que achei meio fraco, registre-se), reforcei a ideia de que o câncer dispõe mesmo de alguns benefícios nessa competição macabra.

A atriz Julianne Moore ganhou o Oscar de melhor atriz ao interpretar uma mulher de cinquenta anos que sofre do mal de Alzheimer. Ela perde palavras, não reconhece feições, esquece com quem estava conversando, e sobre o quê. Menos mal que ainda consegue produzir flashbacks, lembrar a infância e acontecimentos remotos. Porém, nos casos em que a memória vai inteirinha para o brejo, de que adiantou ter vivido?

Não faz sentido atravessar tantos conflitos e amores, ter cometido tantos erros e acertos, e não poder, lá adiante, contabilizá-los. No inventário de uma vida, vale o que se fez e o que se sentiu. Se tudo for esquecido, esvaziam-se nossos oitenta anos, nossos noventa ou cem. Qualquer longevidade passará a valer um segundo.

Espero um dia olhar para fotos antigas e me reconhecer no sentido mais amplo, recordar o que eu vivia naquele momento do click, dizer "parece que foi ontem" sem sofrimento. Quero lembrar sabores, sorrisos, gestos, enfim, os flashes que iluminam a estrada atrás de nós. Quero inclusive lembrar os arrependimentos e as dores, que vistos de longe parecerão bem menores – e essenciais. Quero rir muito de mim, me recordando de trás pra frente.

Porque, se não for assim, nossa vida terá valido para os outros, os que nos lembram, mas não terá valido para nós mesmos. Seremos uns desmemoriados sem alicerces, vagando num presente ilusório, desaparecendo a cada minuto que passa.

Se temos que morrer um dia (que jeito), que seja abraçados às nossas recordações. A integridade de uma vida está em seu reconhecimento, mesmo que, junto às boas lembranças, sejamos obrigados a reconhecer também a proximidade do fim. É o preço. Pior é morrer alienado, sem poder avaliar, através da memória, se valeu ou não a pena.

# Chegue mais perto

*A garota dinamarquesa*, dir. Tom Hooper, 2015

Saí do cinema não apenas comovida com o filme *A garota dinamarquesa*, mas com a certeza de que, se chegássemos mais perto uns dos outros, o mundo seria bem menos preconceituoso. Pra quem ainda não sabe do que se trata, é a história real da pintora Lili Elbe, que nasceu mr. Einar Wegener e foi a primeira pessoa a se submeter a uma cirurgia de mudança de sexo. O filme mostra como Einar, durante seu casamento, descobre-se mulher num corpo de homem, e o quanto sua esposa o ajudou nessa difícil transição – isso nos anos 20. O que para muitos pode soar como bizarrice, é na verdade uma história de amor com uma profundidade que raramente se vê.

    Você convive com algum transexual? É amigo íntimo de algum deles? É provável que não. Eu também não. No entanto, temos opinião formada sobre eles e sobre todo mundo. Pretensiosamente, achamos que sabemos como pensam e sentem pessoas com quem nunca trocamos nem duas palavras.

Estamos interligados por aparelhos que cabem na palma da mão e a sensação é de onipotência: nunca estivemos tão informados sobre tudo e tão perto de todos. Uma ilusão, claro. Continuamos com o mesmo número de amigos verdadeiros – poucos. E com o mesmo acesso às suas almas – quase nenhum.

Pessoas convivem, mas não se conhecem. Quem você permite que chegue bem perto das suas dores? A quem você dá a senha para que entre e enxergue aquilo que transtorna você?

O combinado é ninguém chegar muito perto de ninguém para não correr o risco de se envolver. Não queremos nos envolver, só queremos dar palpite.

Então vem um filme e mostra como funciona a história por dentro. De uma forma sensível e delicada, expõe toda a complexidade de uma existência, todo o árduo processo de se transformar em quem se é. Vale para um homem que se sente mulher, mas valeria também para um negro que luta para ter sua raça respeitada, um jovem que é dependente de drogas, uma moça casada que não deseja ter filhos, um deficiente visual que se descobre apaixonado, um idoso com pouco tempo de vida, um pai de família que foi demitido, um jovem idealista que sonha entrar para a política, uma atriz que tem sua intimidade exposta pela imprensa – se soubéssemos pra valer o que cada um desses desconhecidos sente na pele, como as reações externas os atingem, o esforço que fazem para defender o direito de ser quem são, o quanto agonizam diante das próprias fragilidades, não seríamos mais tolerantes?

Bastaria reduzir um pouquinho o tempo gasto nas redes sociais e ir mais ao cinema, ler livros, assistir a uma peça. É pra isso que serve a arte. Para nos tirar da superfície e dar um zoom no subterrâneo da emoção alheia, onde tudo se explica.

# APAIXONADOS

*Crimes e pecados*, dir. Woody Allen, 1989

No filme *Crimes e pecados*, de Woody Allen, certo Professor Levy, personagem da história, diz que nos apaixonamos para corrigir o nosso passado. Frase rápida, aparentemente simples e, no entanto, com um significado tão perturbador.

    A questão não é por que nos apaixonamos por Roberto e não por Vitor, ou por que nos apaixonamos por Elvira e não por Débora. A questão é: por que nos apaixonamos? Estamos sempre tentando justificar a escolha de um parceiro em detrimento de outro, e não raro dizemos: "não entendo como fui me apaixonar logo por ele". Mas não é isso que importa. Poderia ser qualquer um. A verdade é que a gente decide se apaixonar. Está predisposto a envolver-se – o candidato a este amor tem que cumprir certos requisitos, lógico, mas ele não é a razão primeira por termos sucumbido. A razão primeira somos nós mesmos.

    Cada vez que nos apaixonamos, estamos tendo uma nova chance de acertar. Estamos tendo a oportunidade de zerar nosso odômetro. De sermos estreantes. Uma pessoa acaba de entrar na sua vida, você é 0km para ela. Tanto as informações que você passar quanto as atitudes que tomar serão novidade suprema – é a chance de você ser quem não conseguiu ser até agora.

Um novo amor é a plateia ideal para nos reafirmarmos. Nada será cobrado nos primeiros momentos, você larga com vantagem, há expectativa em relação a suas ideias e emoções, e boa vontade para aplaudi-las. Você é dono do roteiro, você conduz a trama, apresenta seu personagem. Estar apaixonado por outro é, basicamente, estar apaixonado por si mesmo, em novíssima versão.

É arriscado escrever sobre um tema que é constantemente debatido por profissionais credenciados para tal, mas não consigo evitá-lo. Mesmo amadora, sempre fui fascinada pelas sutilezas das relações amorosas. Cada vez que alguém diz que está precisando se apaixonar, está é precisando corrigir o passado, como diz o personagem do filme. Quantas mulheres e homens manifestam, entre suspiros, este desejo, mesmo estando casados? Um sem-número deles, quase todos nós, atordoados com a própria inquietude. E, no entanto, é simples de entender. Mesmo as pessoas felizes precisam reavaliar escolhas, confirmar sentimentos, renovar os votos. Apaixonar-se de novo pelo mesmo marido ou pela mesma mulher nem sempre dá conta disso. Eles já conhecem todos os nossos truques, sabem contra o quê a gente briga, e no momento o que precisamos é de alguém virgem de nós, que permita a recriação de nós mesmos. Precisamos nos apaixonar para justamente corrigir o que fizemos de errado enquanto compartilhávamos a vida com nossos parceiros. Sem que isso signifique abrir mão deles.

Isso explica o fato de pessoas sentirem necessidade de relações paralelas mesmo estando felizes com a oficial. Explica, mas não alivia. Viver não é para amadores.

# Relatos selvagens

*Relatos selvagens*, dir. Damián Szifron, 2014

**O** mundo é um hospício.
Portanto, deve-se congratular a maioria de nós que não aceita provocações e toca sua vida sem entrar em colapso. Deve-se aplaudir os que levam rasteiras e não partem para o olho por olho. Deve-se comemorar o fato de sermos resistentes a todos os desaforos que nos fazem, pois se fôssemos excessivamente esquentados, raivosos e incontroláveis, não sobraria um vivente para contar a história.

Não que tenhamos que ser pangarés: se indignar é da nossa natureza. Mas fazer tudo o que dá na telha, atendendo apenas aos nossos impulsos primitivos, nos levaria a um quadro semelhante ao mostrado no genial *Relatos selvagens*, filme que está provocando gargalhadas e reflexões: como é que aguentamos tanto stress? Afora os malucos, a maioria de nós é civilizada até demais.

O filme é produzido por Pedro Almodóvar, que se encantou com o roteiro nonsense do argentino Damián Szifron, diretor dos seis episódios independentes que constituem a obra, um deles protagonizado por Ricardo Darín. O personagem de Darín é um engenheiro especializado em implosões, mas que explode diante da burocracia e do pouco caso que os serviços públicos dispensam ao contribuinte.

Nos outros cinco episódios, descobre-se que todos os passageiros de um avião são desafetos do piloto, uma cozinheira de restaurante de beira de estrada induz a garçonete a envenenar um cliente sacana, um milionário corrompe o jardineiro para que ele assuma a autoria de um acidente que não provocou, dois motoristas se desentendem na estrada e, por fim, o mais divertido de todos: uma noiva descobre em plena festa de casamento que o noivo é amante de uma das convidadas.

O episódio de abertura é uma bizarrice, mas os outros podem acontecer com qualquer um de nós, só que sabemos a hora de interromper a cena antes de chegar às últimas consequências. O filme, não. O filme vai até as últimas consequências sem negociar com a moral, com a lei ou com a ponderação.

*Relatos selvagens* funde os conceitos de real e irreal, abre as cancelas que confinam nossas emoções e nos deixa cara a cara com "o que poderia ter sido". Criativo, ousado, sua comunicabilidade é imediata e contagiante. Apesar de absurdos, acreditamos em cada personagem e torcemos por eles, não por serem bons, mas por apresentarem uma demência que nos comove. A piração é tanta que faz parecer que na tela estão crianças enfurecidas por causa de um brinquedo quebrado. Não conseguimos vê-los como criminosos. Tudo não passa de birra, apenas.

O filme nos ganha porque ultrapassa nosso espanto racional e adulto até alcançar nosso riso frouxo e juvenil, o riso típico de quem ainda não formou senso crítico, não tem juízo. No final das contas, toda selvageria é isso, uma volta às origens.

# Todos os dias em cartaz

*Boyhood*, dir. Richard Linklater, 2014

Passei uma semana em Portugal e trouxe de lá algumas ideias para crônicas, mas elas terão que esperar, pois nesse meio-tempo fui assistir a *Boyhood*, e se eu adiar meu comentário, temo que você perca o filme. Pois é, estou assumidamente recomendando-o, o que sempre é um risco. Uma amiga foi ver *Relatos selvagens* depois de ler a coluna em que eu o celebrava e saiu no meio, mas prefiro achar que ela estava num dia ruim, apenas.

Um casal também saiu no meio da sessão em que eu assistia a *Boyhood*, e estou certa de que eles receberam uma chamada avisando que sua casa estava em chamas, só pode. O filme é longo, mas curtíssimo se considerarmos que narra a trajetória de um garoto entre os seis e os dezoito anos – com o mesmo ator. Um filme rodado durante doze anos, acompanhando pacientemente um menino virar homem, merece que fiquemos reles 165 minutos colados na poltrona do cinema. E esse é só um dos motivos.

*Boyhood* é daqueles filmes em que não acontece nada, a não ser a vida. É comovente assistir ao amadurecimento do garoto Mason através da sua relação com os pais divorciados, do convívio com sua irmã implicante, de seu despertar para a sexualidade através de revistas de mulher nua, do bullying na escola, das relações com padrastos indesejáveis, da necessidade de se autoafirmar junto aos amigos, do primeiro amor, do pavor de vir a reproduzir o mesmo destino trilhado pela geração passada e das dúvidas infinitas sobre o que ser quando crescer – se é que vale a pena crescer num mundo que oferece tão poucas saídas originais.

É sobre isso tudo o filme em que não acontece nada.

Saí do cinema envolvida por aqueles seres humanos que, na tela, mostram o quanto somos diferentes uns dos outros e o quanto a necessidade de se ajustar iguala a todos. Me identifiquei com os pais que buscam encurtar as distâncias com os filhos, e fiquei mais tolerante com os filhos que precisam de distância para continuar a se relacionar bem com os pais. Vi a mim mesma nos variados papéis já interpretados até aqui (filha, mãe, mulher etc.) e com papel nenhum, à deriva. Mas sem melancolia, apenas com o reconhecimento sereno de que o tempo passa, dando a impressão de que os dias se repetem idênticos, mas na verdade cada dia vivido encerra em si uma história apaixonante com começo, meio e (melhor de tudo) com um fim sempre em aberto, com continuidade amanhã.

# AMY

*Amy*, dir. Asif Kapadia, 2015

Em 2013, visitei a exposição que o irmão de Amy Winehouse organizou no Museu Judaico de Londres. Ele queria revelar quem era Amy antes de estourar como uma das vozes mais prestigiadas da soul music e de virar figurinha fácil dos tabloides por sua performance nada sublime com álcool e drogas. Lembro de ter saído de lá enternecida pela normalidade daquela menina britânica que escutava Carole King e Dinah Washington, que curtia Snoopy, que tirava fotos com as amigas, que tinha uma caligrafia infantil. Era este o acervo da mostra: seus livros, discos, fotos, bilhetes, vídeos do colégio. Uma exposição para homenagear a primeira parte de uma vida muito parecida com a minha e a sua, mas que, apesar de ter durado tão pouco (27 anos), foi subitamente repartida em duas.

O mundo só conhece a segunda parte, a recheada de prêmios e vexames. O documentário *Amy*, que ganhou o Oscar no último domingo, interliga ambas as fases e deixa claro que o turning point se deu com a entrada em cena de um sujeito chamado Blake.

Dizer que a paixão pode destruir uma pessoa é um clichê, mas parece que foi mesmo o caso de Amy. Ela não apenas amava o namorado: queria fundir sua vida na dele, desejava que fossem um só – e levou esse romantismo ao extremo. Repetia tudo o que ele fazia, consumia tudo o que ele consumia, chegando ao absurdo de se machucar de propósito quando ele se machucava. Ela queria sentir a dor dele na carne dela, uma imolação que foi um filé mignon para a imprensa. Até que ele foi preso e ela se tornou uma compositora e intérprete ainda mais fenomenal, cantando com o nervo exposto. Porém, ao ser libertado, Blake a esnobou, ela entrou em parafuso, e dali por diante não surtiram efeito suas várias tentativas de *rehab*.

É a história de uma mocinha e de um vilão? Não é tão simples. É a história de uma mocinha, do divórcio de seus pais, de uma bulimia, de um talento sem medida, de um sucesso para o qual não estava preparada e de um cara que pareceu ser uma rota de fuga para tudo isso, mas que ajudou a cavar o buraco e empurrá-la para o fundo.

Nunca se sabe o que é deixado de fora quando se edita um documentário, mas acredito na boa intenção do diretor Asif Kapadia, que fez a artista falar por si mesma: não há depoimentos de amigos, apenas. A grande depoente é a própria Amy, que se estrutura e se desestrutura diante de nossos olhos, fazendo com que a gente desça com ela até o subsolo da sua vulnerabilidade. Difícil evitar o nó na garganta e a profunda sensação de desperdício. Sabemos que basta dobrar uma esquina errada para que a pessoa se desoriente e vá parar no lado oposto da história que tinha para viver. Amy foi tão longe em seu desatino que não conseguiu mais voltar. O documentário ajuda a entender como ela se perdeu – e o que nós perdemos também.

# The brothers

*Eight Days a Week*, dir. Ron Howard, 2016

"**O**documentário faz a gente se reapaixonar pelos Beatles", escutei alguém dizer, e eu, que não estava pensando em assistir a *Eight Days a Week* por preguiça e presunção de que já sabia tudo, corri para o cinema e confirmo: sim, o documentário faz a gente se reapaixonar pelos Beatles.

Nada de fofocas, dramas, romances. O objetivo do filme é registrar as turnês da banda, desde os primeiros shows no Cavern Club, em Liverpool, até as apoteóticas apresentações nos maiores estádios do mundo, culminando com a última, em 1966, em San Francisco. Quatro meninos de dezessete anos que começaram a tocar por diversão e que não pararam de se divertir nem mesmo quando se transformaram nos ícones absolutos da cultura pop. O segredo: convivência intensa, muita risada e o lema dos mosqueteiros – todos por um. A primeira providência de Brian Epstein, o classudo empresário da banda, foi mandar fazer ternos idênticos para John, Paul, George e Ringo, e dali por diante eles passaram a ser um só: "um monstro de quatro cabeças", como brincavam entre eles. Eram um grude: dormiam sob o mesmo teto, faziam as refeições juntos e nada era decidido se os quatro não estivessem de acordo. Em meio a entrevistas, não perdiam a piada. O sucesso veio rápido, e a gaiatice continuava. Era uma turma de colégio, uma gangue de rua: os The Beatles eram também The Brothers.

Até que o prazer deixou de ser essa coisa toda. Quando começaram a fazer shows colossais, não conseguiam mais escutar um ao outro no palco – uma cortesia do público gritante. Passaram a se sentir inseguros e cansados. Chegaram a fazer noventa cidades em quinze países numa única turnê. Sua juventude foi consumida pela beatlemania, e um dia se viram adultos participando de um circo que não divertia mais: "fecharam o boteco", como diz um amigo meu, e voltaram para o estúdio, onde praticamente inventaram uma banda nova (ainda mais extraordinária) a partir do antológico álbum Sgt. Pepper's Lonely Hearts Club Band. Só três anos depois do jejum de shows é que voltaram a cantar em público, de surpresa, no terraço do prédio da Apple Records, em Londres, para alguns sortudos desavisados que estavam passando lá embaixo a caminho da padaria.

E foi seu réquiem: no mesmo ano, a banda se desfez.

Desfez em tese, porque é um fenômeno vitalício. Os Beatles não se pareciam com nada que havia surgido antes e jamais foram igualados depois, apesar de boas tentativas. A maior banda do planeta nunca teve mais do que dois roadies por show. Nada de telões, MTV, redes sociais. Entraram para a história simplesmente pelo exagero de talento e carisma: sobrava para uma semana de oito dias. Faça de conta que não sabe nada disso e corra para o cinema para ter certeza outra vez.

# ME CHAME PELO SEU NOME

*Me chame pelo seu nome*, dir. Luca Guadagnino, 2017

O cinema cumpre sua função quando nos deixa sem palavras, arrebatados. Porém, mesmo que as palavras pareçam insuficientes, tentarei contar um pouco do que senti quando eu estava no escuro da sala, de frente para Timothée Chalamet, que eu nunca tinha visto atuar (e nem sei se ele estava atuando, pois dizem que o verdadeiro ator não atua, ele é o personagem). Então, corrigindo: estava eu ali diante de Elio, um garoto de dezessete anos passando um verão tedioso em uma vila italiana, matando o tempo ao piano, lendo um livro atrás do outro, tomando banho de rio e iniciando-se sexualmente com uma garota da idade dele, até que surge Oliver, 24 anos, um americano que passará seis semanas como hóspede na casa da família de Elio. E acontece o incontrolável: um sentimento.

O filme *Me chame pelo seu nome* mostra o nascimento de um amor livre de qualquer interesse, de qualquer vaidade, de qualquer carência. Não é o amor encomendado a que nos habituamos, aquele que chega e nos encontra predispostos a acomodá-lo numa idealização prévia, aquele que se apresenta e a gente o captura para que acalme nossa ansiedade. Não é o amor que vem com certificado de adequação e longevidade. O filme mostra o amor em seu estado mais puro. O amor que não leva em conta idade, gênero, futuro. O amor que não cabe em um projeto de vida. Ele apenas é o que é. Um sentimento que sai pelos poros, embevece o olhar e transfere a nossa alma para o corpo do outro. Nenhum "eu te amo" é capaz de traduzir essa epifania. O casal do filme, Elio e Oliver, dizem "eu te amo" sem dizê-lo, dizem de outra forma, apenas trocando os nomes, fundindo suas identidades. Elio chama Oliver de Elio. Oliver chama Elio de Oliver. O "você" desaparece para existir apenas um "eu" agigantado pela existência do outro. Não é isso que esperamos do amor? Que ele nos dilate, nos torne maior, melhor? O "dois em um" levado à última consequência. Você é eu, eu sou você. Me chame pelo seu nome.

Costuma acontecer entre um homem e uma mulher, mas no filme acontece entre dois homens, o que é um convite para eliminarmos qualquer resquício de homofobia e entrarmos de verdade numa nova era, em que dois corações possam se conectar independentemente da anatomia dos corpos que os revestem.

O diálogo final entre Elio e seu pai é o ponto alto do filme e comove até um muro de pedras. É comum dizermos para nossos filhos, a título de consolo: não sofra. Nem reparamos que estamos induzindo a uma repressão. Que pai teria coragem de insuflar seu filho a usufruir plenamente de seu sentimento, de estimular a intensificação deste sentir, mesmo que seja algo doloroso?

Se o filme pudesse ser resumido numa frase, seria: sofra, pois nem todo mundo teve esta sorte.

# Nenhuma mulher é fantasma

*Volver*, dir. Pedro Almodóvar, 2006

Almodóvar está de novo em cartaz nos cinemas, portanto, hora de sair de casa: *Volver* é obrigatório. A cena de abertura nos prepara para o que virá pela frente. Num cemitério, várias mulheres limpam e cuidam dos túmulos de seus maridos: todas sobreviveram a eles. E daí por diante é só o que vemos no filme: mulheres. Os poucos homens que aparecem não podem nem ao menos ser chamados de coadjuvantes, são meros figurantes, quase mortos-vivos: se há algum fantasma neste filme, não se deixe enganar pelas resenhas, ele é masculino. Mulher é sempre real, comoventemente real.

Já me perguntaram uma centena de vezes quais as diferenças entre homens e mulheres, as diferenças entre a literatura feita por nós e a feita por eles, a velha ladainha: diferença, diferença. Nunca dei corda para esta questão, prefiro exaltar nossas afinidades. Não me interessa incrementar essa guerrinha antiga, que faz parecer que as conquistas femininas são resultado de uma revanche. Sem essa, não contem comigo para ser mais uma a colocar cada sexo num canto oposto do ringue.

Pois bem. Mesmo não sendo afeita a imunizar toda mulher só pelo fato de ser mulher, e tampouco afeita a propagar a pretensa superioridade masculina – estamos todos no mesmo barco, é no que acredito –, este filme de Almodóvar conseguiu mexer com minhas convicções, já que ele parece conhecer mais sobre nós do que nós mesmas. Ok, uma mulher é apenas uma mulher, mas uma mãe é um vulcão, um furacão, uma enchente, uma tempestade, um terremoto. Uma mãe é invencível. Não há perda que ela não transforme em força. Não há passado que ela não emoldure e coloque na parede. Não há medo que a mantenha quieta por muito tempo.

*Volver* é mais um tributo que Almodóvar presta a este gênero humano que veio equipado com cromossomos XX, a mulher que não é híbrida, mas é plural; não é bem certa, mas é íntegra, e que ele homenageia de uma forma peculiar: colocando-a em situações-limite. Neste filme, mais uma vez, o tema do abuso sexual volta à tona. E então ele nos vinga, se coloca a nosso serviço, nos empresta uma força de estivador para enterrar nossos algozes. Ele é o juiz invisível desta luta, em que a mulher sai sempre um pouco machucada, mas invariavelmente vitoriosa.

Almodóvar está do nosso lado, e a gente acaba acreditando mesmo que há dois lados. Filmando com delicadeza e explorando bem a solidariedade e o afeto das latinas, ele nos faz voltar – atenção, *volver* – à nossa natureza de leoa e à nossa corajosa humildade, aquela que nos faz perdoar e pedir perdão para desobstruir nossos caminhos. Mulheres vão em frente e voltam, mulheres prosseguem e retornam, dois passos pra frente e um passo pra trás, cautela e coragem. As virtudes e pecados sempre dentro da bolsa, inseparáveis, nada se perde. Eis a visão pessoal, passional e parcial deste diretor puro-sangue, que é exagerada e ao mesmo tempo instigante: os homens passam, mas as mulheres não morrem.

# PARA QUE LADO CAI A BOLINHA

*Match Point*, dir. Woody Allen, 2005

O filme começa com a câmera parada no centro de uma quadra de tênis, bem na altura da rede. Vemos então uma bolinha cruzar a tela em câmera lenta. Depois ela cruza de volta, e cruza de novo, mostrando que o jogo está em andamento. De repente, a bolinha bate na rede e levanta no ar. A imagem congela. O locutor diz que tudo na vida é uma questão de sorte. Você pode ganhar ou perder. Depende de para que lado cairá a bolinha.

É o início de *Match Point*, filme de Woody Allen lançado em 2005. É uma versão mais sofisticada, mais sensual e mais trágica de outro filme do cineasta, na minha opinião um de seus melhores: *Crimes e pecados*, de 1989. Em ambos, a eterna disputa entre a estabilidade e a aventura, entre render-se à moral ou desafiá-la, o certo e o errado flertando um com o outro e gerando culpa. Onde, afinal, está a felicidade?

Certa vez li (não lembro a fonte) que felicidade é a combinação de sorte com escolhas bem feitas. De todas as definições, esta é a que chegou mais perto do que acredito. Dá o devido crédito às circunstâncias e também aos nossos movimentos. 50% pra cada. Um negócio limpo.

Em *Crimes e pecados*, Woody Allen inclinava-se para o pragmatismo. Dizia textualmente: somos a soma das nossas decisões. Tudo envolve o nosso lado racional, até mesmo as escolhas afetivas. Casamentos acontecem por vários motivos, entre eles por ser um ótimo arranjo social – e nem por isso desonesto. E até mesmo a paixão pode ser intencional. No filme, um personagem diz que nos apaixonamos para corrigir o nosso passado. É uma ideia que pode não nos ocorrer quando vemos alguém e o coração dispara, mas, secretamente, a intenção já existe: você está em busca de uma nova chance de acertar, de se reafirmar. Seu coração apenas dá o alerta quando você encontra a pessoa com quem colocar o plano em prática.

Em *Match Point*, Woody Allen passa a defender o outro lado da rede: a sorte como o definidor do rumo da nossa vida. O acaso como nosso aliado. Se a felicidade depende de nossas escolhas, é da sorte a última palavra. Você pode escolher livremente virar à direita, e não à esquerda, mas é a sorte que determinará quem vai cruzar com você pela calçada, se um assaltante ou o George Clooney. É a bolinha caindo para um lado ou para o outro.

Tanto em *Crimes e pecados* como no excelente e impecável *Match Point*, fica claro o que todos deveriam aceitar: nosso controle é parcial. Há quem diga até que não temos controle de nada. Não existe satisfação garantida e tampouco frustração garantida, estamos sempre na mira do imprevisível. Treinamos, jogamos bem, jogamos mal, escolhemos bons parceiros, torcemos para que não chova, seguimos as regras, às vezes não seguimos, brilhamos, decepcionamos, mas sempre será da sorte o ponto final.

# Som e fúria

*O discurso do rei*, dir. Tom Hooper, 2010

O filme *O discurso do rei* pode ser apreciado tanto por seus diálogos espirituosos como pelo desempenho de Colin Firth e Geoffrey Rush, ambos impecáveis, mas o filme me tocou principalmente por seu aspecto psicológico, ao demonstrar o valor terapêutico de se exprimir raiva.

Uma das razões que levou o rei George VI a sofrer de uma gagueira aparentemente incurável foi o fato de passar por alguns constrangimentos na infância e sofrer tudo calado, como se fosse natural obrigarem um menino canhoto a escrever com a mão direita ou a conviver com uma babá que o deixava sem comer. Sobrevive-se a coisa muito pior do que isso e nem todos se mantêm reprimidos, e muito menos se tornam gagos, mas de uma forma ou de outra a ausência de voz na infância cobra seu preço, que pode ser alto ou nem tanto. A minha repressão infantil saiu mais em conta do que a do rei da Inglaterra, e mais produtiva também.

Não venho de uma família real e tampouco sofri qualquer abuso que me travasse a vida, mas exprimir raiva, decididamente, nunca foi um esporte incentivado lá em casa. Dizer que não havia motivos seria inocência demais de minha parte: claro que havia, sempre há. Todo ser humano se rebela contra a autoridade – no caso, os pais. Mas eu não expressava em voz alta o que me incomodava, não xingava, não berrava, não dizia palavrões, não saía do sério – nunca. Vontade não faltava. Foi então que fiz minha voz sair não pela boca, e sim pelos dedos.

Não me tornei uma escritora maldita, mas, secretamente, passei a exorcizar alguns demônios através da poesia. Já que não mostrava as garras em casa ou na rua, procurei deixar nas folhas dos livros uma impressão mais realista de mim mesma, aquela que não possui nenhum sangue azul.

Achei que bastaria, mas não.

Só recentemente, de uns anos pra cá, me senti verdadeiramente convocada pra guerra. Aprendi a apresentar minhas armas e externar minha agressividade latente. Meio desajeitada no papel, admito, mas as tentativas não foram totalmente malsucedidas: cheguei um pouco mais perto da natureza selvagem que caracteriza a todos. Às vezes custo a entender o que isso traz de bom, além de evitar gagueiras reais ou metafóricas. Será mesmo necessário saber xingar, berrar e dizer palavrões para ser considerada o que se chama por aí de normal? Uma vida sem controle se torna mais intensa, concordo, mas só quem conhece o pavor que tenho de barracos pode imaginar o quanto me é desconfortável protagonizar cenas de brigas e insultos. Não nasci pra coisa, prefiro continuar usando a escrita silenciosa para elaborar meus conflitos, mas ao menos aprendi que não irei pra cadeia se, eventualmente, soltar a fúria através da voz, e que não perderei a majestade se, em vez de cisnes brancos, povoar o lago do meu castelo com alguns cisnes negros também.

Mas isso já é outro filme.

## Dois em um

*Cisne negro*, dir. Darren Aronofsky, 2010

Muito se falou sobre *Cisne negro*, o filme que não venceu o Oscar, mas que foi, de longe, o mais perturbador – e perturbação é vital para o pensamento. Houve quem tenha prestado atenção na questão da esquizofrenia, outros ficaram atraídos pela angustiante busca da perfeição artística e outros viram ali apenas mais um filme de terror. Há outro aspecto ainda, que é o que mais me seduziu: a dificuldade de conviver com a dualidade que existe em nós.

Há na sociedade uma tendência de encaixotar as pessoas e selar uma etiqueta, a fim de defini-las. Se você é uma pessoa de cabeça aberta, não lhe perdoarão ser contra o aborto. Se é uma natureba, jamais deverá ser vista tomando uma coca-cola. Se é respeitada nos meios intelectuais como uma grande pensadora, nem se cogita ouvir de sua boca uma resposta parecida com "não sei". Tem que saber. É obrigatório confirmar o que o seu rótulo induz a pensarem sobre você.

Ainda que tenhamos, todos, um estado de espírito predominante e um estilo de vida que dá pistas sobre o que nos é caro, a verdade é que nada nos define integralmente. Um homem pode ser conservador em suas aplicações financeiras e ao mesmo tempo um aventureiro que se arrisca em esportes radicais. Uma mulher pode tomar seus pileques de vez em quando e ser extremamente responsável na educação dos filhos. Para a comissão julgadora, isso sugere leviandade: ou você é uma coisa, ou outra. Senão, como garantir a estabilidade que nos estrutura?

Podemos ser uma coisa, e outra, e mais outra, inclusive coisas que se contradizem ("te amo, mas preciso ficar sozinho") e não há nada de frívolo nisso. Ao contrário, as pessoas verdadeiramente maduras são as que não se sentem inseguras com suas contradições e conseguem extrair delas uma sabedoria que as sustente. A comissão julgadora fica meio perdida. Que nota essa criatura dual merece? Sugiro: zero em harmonia, dez em evolução.

No filme, a dualidade se manifesta através do lado claro e escuro da bailarina que precisa interpretar dois personagens antagônicos num mesmo ballet. Ser virginal e erótica ao mesmo tempo a esgota e amedronta: como sobreviver a tamanha contradição?

Há muitas possibilidades de desfrutar de antagonismos sem que percamos nossa integridade, basta que a gente tenha um mínimo de bom senso para saber até onde o anjo e o demônio em nós pode se manifestar sem causar danos aos demais. Há espaço para ambos existirem, sem comprometer a nossa singularidade – ao contrário, é na ambivalência que nosso "eu" se firma e encontra a plenitude.

Se isso tudo não passa de conversa pra boi dormir, ao menos serve para justificar as inquietantes dúvidas que nunca nos abandonam.

# O SUBMUNDO

*Linha de passe*, dir. Walter Salles e Daniela Thomas, 2008

No meio do filme, duas senhoras levantaram e deixaram a sala. Resolveram ir embora. Pena. A gente nunca entende quando alguém não gosta de algo que a gente adora, e eu estava adorando *Linha de passe*.

Algumas pessoas rejeitam filmes em que não há nenhum ator famoso ou que só mostre locais feios e pobres. É exatamente o caso do mais recente filme de Walter Salles e Daniela Thomas, cuja história se passa numa periferia de São Paulo e cujo único ator vagamente conhecido é Vinícius de Oliveira, o garoto que contracenou com Fernanda Montenegro em *Central do Brasil*, e que hoje é um homem feito. A atriz principal do filme é a pouco glamorosa, porém extraordinária, Sandra Corveloni, que só saiu do anonimato depois que ganhou o prêmio de melhor atriz no Festival de Cannes, desbancando Julianne Moore e Angelina Jolie.

Filme sem uma estética global, sem zona sul? Rapidamente lembramos de *Cidade de Deus* ou *Tropa de elite*, dois filmes eletrizantes que nos deixaram sem fala em algumas cenas. Nos instantes iniciais de *Linha de passe*, eu esperava a qualquer momento uma cena de extrema violência, condicionada a pensar que periferia brasileira é sinônimo de submundo, lugar onde agem os criminosos. Que disparate. Em *Linha de passe* não há submundo: há o mundo. E nele, uma família de quatro irmãos criados por uma mãe que é empregada doméstica e está grávida do quinto filho, de pai desconhecido. Todos ferrados, lógico.

Um dos filhos quer ser jogador de futebol, única via para ser "alguém". O outro procura um rumo numa igreja evangélica. O outro é motoboy. O menorzinho é obcecado em conhecer o pai: só sabe que ele é motorista de ônibus. E a mãe, com seu barrigão, está prestes a perder o emprego, já que não tem carteira assinada.

Ninguém é mau, ninguém é anjo: são criaturas reais. Cada um se movimenta de acordo com as oportunidades que aparecem. Todos se deixam levar por grandezas e fraquezas. Não há degradação de valores nem superexposição de violência e de sexo para retratar a realidade de quem vive à margem. Simplesmente mostra cada um defendendo o seu. Todos errando e acertando – no caso do filme, errando mais por ingenuidade e desespero do que por mau-caratismo. Isso é importante, pois costumamos julgar muito rápido quem está no desvio. Palavras como malandro, vagabundo ou ordinária saem de nossas bocas de forma rápida e implacável, como se a vida não fosse uma soma de fatores que nos levam a fazer escolhas boas e outras nem tanto.

O futebol está presente no filme o tempo todo. A analogia funciona. Aqui fora, prestamos atenção apenas nos titulares, sem perceber o povaréu que fica no banco, aguardando ser chamado nem que seja para jogar os minutos finais do segundo tempo e tentar virar o jogo da própria vida. No entanto, essa maioria continuará se ferrando por absoluta falta de chance. Não há submundo algum. Há o mundo verdadeiro de *Linha de passe*, que não apresenta uma saída redentora nem um desfecho trágico. As duas senhoras que saíram no meio do filme, afinal, não perderam tanto: essa é mesmo uma história que não tem fim.

# Livre

*Livre*, dir. Jean-Marc Vallée, 2014

O medo nasce da história que contamos pra nós mesmos. Descobri isso quando viajei sozinha pela primeira vez, aos 24 anos, idade semelhante à da protagonista de um livro que li semanas atrás, sendo que no caso dela a aventura foi bem mais radical que a minha: se eu mochilei de trem por algumas cidades da Europa, ela mochilou a pé por uma trilha numa região montanhosa dos Estados Unidos. Andou mais de 1.700 quilômetros em meio a uma natureza selvagem, sem nenhuma experiência e emocionalmente em frangalhos. É esse o enredo de *Livre*, de Cheryl Strayed, que virou filme com o mesmo título.

Peregrinar é busca. De si mesmo, naturalmente, mas podemos encontrar também novos conceitos para a vida. É onde o medo às vezes entra para atrapalhar. Antes de sair de casa pela primeira vez, eu não havia criado a minha própria história sobre o medo. Vivia protegida pela família, pelo conforto, pela estrada previamente pavimentada e sinalizada por meus pais – o medo que eu porventura sentisse teria sido herdado deles. Fazia parte da história de vida deles. Eu ainda não tinha a minha.

Só quando comecei a dar os primeiros passos sem retaguarda e sem companhia é que fui criando uma história mais autêntica para o meu medo. Decidi que ele não seria um personagem assustador, com capacidade de me paralisar. Meu medo, diferente do medo de outras pessoas, não me inibiria. Seria sutil. Ele apenas evitaria que a soberba tomasse conta: prepotentes potencializam riscos. Fora isso, eu não permitiria que o medo me tornasse covarde. Na história que criei sobre o meu medo, não dei a ele tanto poder.

Sabemos que o medo tem uma boa assessoria de imprensa. Abra o jornal, assista aos noticiários de tevê, ouça o que dizem por aí: um prédio mal construído pode cair sobre sua cabeça, um maluco pode manter sua filha em cativeiro por dez anos, você pode ser assaltado ao chegar para o trabalho às oito da manhã, o ônibus em que você viaja pode cair de um viaduto. Sem falar nas aflições emocionais: o medo de ser traído, deixado, de viver sem amor.

No entanto, nem a televisão, nem o jornal, nem a internet, nada deveria pautar nosso medo, nem mesmo a experiência infeliz vivida por algum amigo. Informação sinaliza, mas não fecha caminhos. Eles continuam abertos para aqueles que contam para si mesmo outra história, à prova de influências. Para construir essa história, é preciso se escutar, estar conectado com os seus sentimentos reais, e não com os estimulados em escala industrial. Se você disser para si mesmo que está disposto a abraçar o que vida oferece de bom e de ruim, o temor diminui. Em algum momento torna-se necessário sair da estrada pavimentada e se aventurar numa rota vicinal menos segura, só para lembrar do que é mesmo que sentimos medo, e por quê. E voltar com a resposta que nos dará a bravura necessária para seguir adiante: teremos descoberto que o medo não passa de uma desculpa esfarrapada para ficar no mesmo lugar.

# Paris, te amo

*Paris, te amo*, dir. Gérard Depardieu, Alfonso Cuarón, Walter Salles, entre outros, 2006

Trabalhos coletivos são um risco. Vários artistas reunidos para fazer uma única obra, cada um dando o recado a seu modo e contribuindo para a irregularidade do resultado final. Mas podem gerar também obras dinâmicas, uma espécie de amostra do que se anda produzindo por aí. O filme *Paris, te amo* se enquadra neste perfil: é como se fosse uma caixa de perfumes em miniatura.

Quem quiser encontrar na tela a Paris dos cartões-postais, melhor buscar cartões-postais mesmo, pois o filme não tem esse compromisso. Reúne dezoito episódios, cada um filmado por um cineasta que recebeu a missão de contar uma história de amor em cinco minutos. A maioria optou por filmar encontros com potencial romântico, mas há também drops de amor maternal, paternal, e inclusive o amor pela própria Paris e por si mesmo, episódio que fecha o filme de forma tocante.

A opção de não glamorizar a capital francesa é acertada, pois seria uma concorrência desleal. Ao trivializarem

Paris, os cineastas conseguiram destacar as emoções, sensações, descobertas, aflições, enfim, a humanidade dos moradores da cidade, que estão longe de confirmarem o pastiche "loiro de olho azul": são imigrantes, traficantes, viciados, estudantes, mães de família e demais pessoas em busca de afeto – ou seja, um mosaico de habitantes do mundo todo. Há um tom melancólico no filme, mas também há humor. Há finais infelizes, mas esperança suficiente. Há muita predisposição ao acolhimento, e outro tanto de inocência. Os pouquíssimos episódios comprometidos com certa piração conceitual me pareceram totalmente destoantes do conjunto.

Um homem e uma mulher casados há anos, tentando reaquecer sua parceria através de fantasias eróticas. Um homem e uma mulher divorciando-se no início da terceira idade e transformando-se em dois desconhecidos íntimos. Um homem e uma mulher em lua de mel procurando uma fórmula mágica para que dê certo. Um garoto católico e uma garota muçulmana desafiando o preconceito étnico. Dois jovens rapazes tentando uma aproximação que ultrapasse a fronteira do idioma. Um casal de doidinhos que incita o voyeurismo e o ciúme para temperar a relação. Uma mulher cuja doença terminal salva seu casamento, também em fase terminal. Uma mulher que chegou tarde demais na vida de um homem, sem tempo para compartilhar um café. Uma mulher que cai aos pés de um estranho, chegando na hora certa.

Fragmentos de relações que não se sabe que fim terão, mas o fim não é o objetivo. O importante é que a vida recomece quantas vezes for preciso.

# A BOLHA

*Biutiful*, dir. Alejandro G. Iñárritu, 2010

O filme *Biutiful* nada tem de bonito, a não ser Javier Bardem, belo como homem e mais ainda como ator. O filme retrata a pobreza, a miséria, a crueldade do destino, a voracidade do câncer, o desespero das doenças mentais e a tentativa de sobreviver com um mínimo de dignidade – essa a única e tocante beleza do filme: ver um personagem reagir a toda espécie de degradação para conseguir criar seus filhos. Bravo. Mas é daqueles filmes que nos puxam para o esgoto, nos colocam cara a cara com os ratos, nos fazem sentir na pele e na alma o que é viver cada minuto brigando para existir, para resistir, uma luta que é diária e nada amena.

Assistir a *Biutiful* num shopping é um soco na cara. Ao sair do cinema, as luzes das vitrines nos remetem a uma ilha da fantasia. Nossos carros nos estacionamentos, restaurantes nos chamando para jantar, e depois o retorno para uma casa limpa e confortável, onde uma cama quente aguarda pelo nosso repouso de rei, de rainha – isso parece com a vida de todos, mas é a vida de poucos. O que a gente vê em *Biutiful* é o retrato do mundo de muita gente: paredes fétidas, comida rala, abandono social, futuro nenhum. Vidas subjugadas. Não é um filme brasileiro e, no entanto, é também brasileiro, espanhol, mexicano, chinês e universal.

Tão universal como a impactante história narrada pelo inglês Chris Cleave em *Pequena abelha*, um livro que causa a mesma impressão: o mundo não é o que vemos, muito menos o que vivemos. Nós, os moradores da bolha, é que somos os excluídos.

O livro conta a história de uma refugiada nigeriana que passa por experiências extremamente dolorosas até ter seu caminho cruzado com a editora de uma revista de moda inglesa – nada mais distante da sua realidade. No entanto, quem pode contabilizar a dor que dói mais? Tudo nos dói, mas os habitantes da bolha – os que assistem a filmes em shoppings, comem bem, dormem bem e têm problemas bem suportáveis se comparados com a escassez de dignidade – jamais tocam o fundo do poço. A personagem nigeriana, a pequena abelha que dá título ao livro, estabelece um ponto de conexão com a bela editora londrina, que se vê obrigada a se despedir de sua vida fácil para cair na real. Como viver frugalmente depois de cair na real?

Nós, os moradores da bolha, volta e meia somos convocados a cair na real, seja através de um filme, de um livro ou de matérias jornalísticas, como as que nos mostram a dificuldade de sobreviver depois do escombro, depois da morte de filhos por soterramento, mas o que fazer? Temos medo de sair da bolha e chegar perto. Tivemos sorte. Fomos excluídos da luta mais dilacerante pela vida, aquela luta que já inicia derrotada desde a largada. Não colidimos com a dor extrema, a verdadeira dor da sobrevivência: ela é eficientemente mascarada para não atrapalhar nossos olhos e nosso bem-estar. Varremos tudo para baixo do tapete da bolha, essa bolha macia por onde pisam nossos pés. *Biutiful, Pequena abelha*, telejornais: tudo nos é entregue na porta da bolha, toc, toc, toc. A gente abre, pega a informação e fecha a porta de novo. Da bolha não saímos. Não temos coragem.

# Eu, você e todos nós

*Eu, você e todos nós*, dir. Miranda July, 2005

Já aconteceu de cinco ou seis leitores reclamarem dos filmes que comento aqui, principalmente quando são filmes mais alternativos, menos comerciais. "Puxa, mas o que você viu naquela chatice?" Hoje vou falar sobre um deles, então, se você não gosta de nada meio fora do padrão, nem perca seu tempo. Me refiro a *Eu, você e todos nós*, filme de estreia da artista multimídia Miranda July, que tem seus trabalhos expostos no MoMA e no Museu Guggenheim, em Nova York. Agora ela se aventurou no cinema e, a meu ver, não se deu mal. Fez um filme delicado sobre um tema que sempre cai como um chumbo: a solidão.

O filme mostra fragmentos da vida de algumas pessoas aparentemente sem nada em comum: uma videomaker (a própria Miranda July), um vendedor de sapatos recém-separado, um senhor que se apaixona pela primeira vez aos setenta anos, duas adolescentes planejando sua estreia sexual, um menino de seis anos que entra na internet e se envolve numa correspondência picante com uma mulher, uma menininha com um hábito fora de moda: coleciona peças para seu enxoval.

Em comum, apenas a errância. Ir em frente, ir em busca, ir para onde? Somos obrigados a estar em movimento, mas ninguém nos aponta um caminho seguro.

Eu, você e todos nós estamos à procura de algo que ainda não experimentamos, algo que a gente supõe que exista e que nos fará mais felizes ou menos infelizes.

Eu, você e todos nós tentamos salvar nossas vidas diariamente, e qual a melhor maneira para isso? Trabalhar e amar, creio eu, mas não é fácil. Os que não conseguem se realizar através do trabalho e do amor, tentam se salvar das maneiras mais estapafúrdias, alguns até colocando-se em risco, numa atitude tão contraditória que chega a comover: autoflagelo, exposição barata, superação de limites, enfim, os meios que estiverem à disposição para que sejam notados.

Eu, você e todos nós somos crianças das mais diversas idades.

Pedimos pelo amor de Deus que o telefone toque e que a partir deste toque um novo capítulo comece a ser escrito na nossa história. Fingimos que somos seres altamente erotizados e na hora H, amarelamos. Depositamos todas as nossas fichas amorosas em pessoas que não conhecemos senão virtualmente. Disfarçamos nosso abandono com frases ousadas e sem verdade alguma. O que a gente gostaria de dizer, mesmo, é: me dê sua mão.

Eu, você e todos nós queremos intimidade, mas evitamos contatos íntimos. Não queremos nos machucar, mas usamos sapatos que nos machucam. A gente quer e não quer, o tempo todo. Será que durante uma caminhada de uma esquina a outra, dentro de um mesmo quarteirão, é possível acontecer uma paixão, uma descoberta? Quantos metros precisamos percorrer, quantos dias devemos esperar, em que momento da nossa vida irá se realizar o nosso maior sonho? E uma vez realizado, teremos sensibilidade para identificá-lo? O nosso desejo mais secreto quase sempre é secreto até para nós mesmos.

Somos uma imensa turma, somos uma enorme população, somos uma gigantesca família de solitários, eu, você, todos nós.

# BABACAS PERIGOSOS

*Alpha Dog*, dir. Nick Cassavetes, 2006

*Alpha Dog* é o nome do filme. Mostra a história verídica de um garoto de quinze anos que foi sequestrado na Califórnia por uma gangue, como garantia de pagamento de uma dívida que seu irmão traficante não honrou. Poderia ser apenas mais uma história banal sobre a brutalidade dos dias de hoje, mas é tão mais do que isso que a gente sai do cinema num desânimo paralisante.

O filme inicia com imagens de crianças em pracinhas, na beira da praia, brincando no pátio, todas esbanjando inocência e singeleza: registro de uma infância sem nenhum dever além do de se divertir. Tanto no filme como na vida real, um dia essas crianças crescem, e as famílias, por preguiça de educar, resolvem que a vida deve seguir assim: sem nenhum dever além do de se divertir. O resultado: filhos e pais sem diálogo, compartilhando baseados, bebidas e parceiros sexuais, todos muito "amigos", sem hierarquia nem autoridade. Jovens com facilidade de acesso a todos os prazeres, legais ou ilegais, sem restrições, sem vigilância.

Festas, orgias, doses cavalares de entorpecentes. O vazio preenchendo as 24 horas do dia. O dinheiro e o poder (ilusório) como bloqueadores da consciência. A absoluta falta de sentido de estar aqui ou lá ou em qualquer lugar. A única identidade possível é formada através da violência, que eles nem conseguem dimensionar e entender o que representa. Violência é só um esporte, uma linguagem, um programa, um meio de se autoafirmar. Matar, trepar, roubar, depredar, dá na mesma. É nada.

De vez em quando, um ou outro membro da gangue é acometido de um ligeiro insight. É como se um grilo falante assoprasse no seu ouvido que a coisa não é por aí. Mas como buscar um caminho diferente, quem é que se atreve a parar esse trem? Eles não sabem como. E seguem todos profundamente sós, mergulhados no absurdo de uma vida à toa.

O sequestro, sobre o qual o filme trata, é uma piada. O garoto sequestrado idolatra os caras que o pegaram e, totalmente deslumbrado, acha que está vivendo um excitante rito de passagem. Cativeiro, para ele, é o lar de onde veio, e algozes são o pai e a mãe. Capturado, prova pela primeira vez o gostinho da liberdade.

Ao contrário do que possa sugerir este relato soturno, achei o filme excelente. Bem dirigido, com um elenco afiado e sem resvalar para a caricatura. E é isso que dói. Não é o retrato da vida em outro planeta. O planeta do filme é este mesmo, a cidade poderia ser a nossa, nada me pareceu exagerado. Temos sido vítimas não apenas de marginais profissionais, com ph.D. em maldade, mas também de garotos mimados que aceleram seus carrões sem medir consequências, que tomam decisões estúpidas por falta de orientação, que se metem em encrencas pesadas porque, se saltarem fora, serão considerados moloides, fracos, babacas. Nem percebem que não há babaquice maior do que fazer pose de bandido. Tem muito pirralho aí cometendo asneiras, como os garotos do filme, atraídos pela "estética" das gangues: sua música, vocabulário, roupas. Ninguém mais quer ser da turma dos mocinhos, o que me faz pensar que o pessoal do bem está precisando urgentemente de uma assessoria de marketing.

# QUE HORAS ELA VOLTA?

*Que horas ela volta?*, dir. Ana Muylaert, 2015

Em junho passado, o ator e colunista da *Folha de S.Paulo* Gregório Duvivier publicou um texto chamado "Nos países em que você lava a própria privada, ninguém mata por uma bicicleta". Muitos elogiaram, compartilharam, mas uma coluna de jornal não é suficiente para mudar a cabeça de um país. Se o texto dele foi um importante tijolinho, no cinema temos um tijolaço que também pode ajudar a construir uma nova mentalidade nacional. Trata-se do excelente *Que horas ela volta?*, da diretora Ana Muylaert, com a extraordinária Regina Casé.

O filme conta a história de uma empregada nordestina que trabalha e mora na casa de uma família do Morumbi, bairro de classe alta de São Paulo. Ela praticamente criou o filho dos patrões, enquanto não vê a própria filha há anos, desde que a deixou em sua terra para tentar a vida no sudeste. Até que um dia a jovem chega a São Paulo para prestar vestibular e viver com a mãe. Nem um pouco submissa, ciente de seus direitos de cidadã, a garota revoluciona o cotidiano familiar regido pelo tradicional "cada um que conheça o seu lugar". Ela realmente conhece o dela, só que não é o mesmo de sua mãe, que está habituada a diminuir-se e resignar-se, e que se horroriza com a insolência da filha.

Em duas horas de projeção, está tudo ali: a invisibilidade do proletariado (a empregada serve os canapés numa festa em que nenhum convidado olha para seu rosto), a gentileza que procura atenuar a culpa pela diferença de classes (a patroa compra um colchão melhorzinho para a garota que dormirá no quarto da mãe, assegurando assim que ela não ultrapassará as fronteiras da ala íntima da casa), tudo embalado na boa intenção que mascara a perversidade da desigualdade. Segundo a própria diretora, o filme trata sobre "as regras sociais invisíveis que nos regem, muitas vezes, sem nossa própria consciência".

Essas regras invisíveis são desvendadas no filme com tanta veracidade, tanta familiaridade, que se tornam perturbadoras. A certa altura, a personagem de Regina Casé tenta explicar para a filha que ela não pode aceitar os agrados dos patrões, pois eles oferecem sorvete e convidam para sentar na sala apenas por educação. "Eles têm certeza de que diremos não".

Até que a classe emergente começa a dizer sim, a reconhecer o lugar a que também pertence, e a pirâmide desestrutura-se.

*Que horas ela volta?* sintetiza o momento atual do Brasil, evidencia as razões dessa guerra de nervos partidária, expõe o stress gerado quando uma teoria demagógica se aproxima da prática, revela o indisfarçado incômodo de assistir a ascensão intelectual e econômica de quem, até então, existia apenas para nos servir. Enfim, escancara o susto gerado pela perspectiva de que todos terão que lavar sua própria privada um dia.

# Vai, vai, vai... Viver

*Vinicius*, dir. Miguel Faria Jr., 2005

Há inúmeras razões para se assistir ao documentário sobre Vinicius de Moraes: para recordar suas músicas, seus poemas, suas histórias e, principalmente, lembrar uma época menos tensa, em que ainda havia espaço para a ingenuidade, a ternura e a poesia. Entre os vários depoimentos do filme, há um de Chico Buarque dizendo que não imagina como Vinicius se viraria hoje, nesta sociedade marcada pela ostentação e arrogância. E nós?, pergunto eu. Nós que nos emocionamos com o documentário justamente por nos identificarmos com aquela alma leve, com a valorização das alegrias e tristezas cotidianas, como conseguimos sobreviver neste mundo estúpido, neste ninho de cobras, nesta violência invasiva? Assistir ao documentário é uma maneira de a gente localizar a si mesmo, trazer à tona nossa versão menos cínica, mais pura, e resgatar as coisas que prezamos de verdade, que são diferentes das coisas que a tevê nos empurra aos berros: compre! pague! queira! tenha!

Vinicius fazia outro tipo de propaganda. Se era para persuadir, que fosse em voz baixa e por uma causa nobre. Num dos melhores momentos do documentário, ele e Baden Powell cantam entre amigos, numa rodinha de violão: "vai, vai, vai... amar/vai, vai, vai...chorar/vai, vai, vai... sofrer". É o *Canto de Ossanha* lembrando que a gente perde muito tempo se anunciando, dizendo que faz e acontece, quando na verdade tudo o que precisamos, ora, é viver.

Pois é. Mas, detalhe: não vive quem se economiza, quem quer felicidade parcelada em 24 vezes sem juros. Aliás, ser feliz nem está em pauta. O que está em pauta é a busca, a caça incessante ao que nos é essencial: ter paixões e ter amigos. O grande patrimônio de qualquer ser humano.

Pra acumular esses bens, Vinicius seguia um ritual: zerava-se. Começava e terminava um casamento. Começava e terminava outro. Começava e terminava uma vida em Paris, uma temporada em Salvador. Renovava seus votos a cada dia. Se já não se sentia inteiro num amor ou num projeto, simples: ponto final. Tudo isso, diga-se, a um custo emocional altíssimo. O simples nunca foi fácil, muito menos para quem possui um coração no lugar onde tantos possuem uma pedra de gelo. As pedras de gelo de Vinicius estavam onde tinham que estar, no seu cachorro engarrafado, e só. O resto era tudo quente.

Entre sobreviver e viver há um precipício, e poucos encaram o salto. Encerro esta crônica com dois versos que não são de Vinicius, e sim de uma grande poeta chamada

Vera Americano, que em seu novo livro, *Arremesso livre* (editora Relume Dumará) reverencia a mudança. "Não te acorrentes/ao que não vai voltar", diz ela, provocando ao mesmo tempo nosso desejo e nosso medo. Medo que costuma nos paralisar diante da decisão crucial: "Viver/ou deixar para mais tarde".

 O poeta espalmaria sua mão direita nas nossas costas (a outra estaria segurando o copo) e diria: vai.

# O PODER TERAPÊUTICO DA ESTRADA

*On the Road*, dir. Walter Salles, 2012
*Aqui é o meu lugar*, dir. Paolo Sorrentino, 2011

"Viajar é um ato de desaparecimento", escreveu certa vez o americano Paul Theroux, um dos escritores mais bem-sucedidos na arte de narrar suas andanças pelo mundo. É uma frase ambígua, pois parece verdadeira apenas do ponto de vista de quem fica. O viajante realmente desaparece para nós – aliás, desaparecia, pois nesses tempos altamente tecnológicos ninguém mais consegue manter-se inalcançável, estamos todos à distância de uma teclada, não faz diferença se em Abu Dhabi ou em Mogi das Cruzes.

Já para aquele que parte, viajar não é um ato de desaparecimento. Ao contrário, é quando ele finalmente aparece para si mesmo.

Somos seres enraizados. Moramos a vida inteira na mesma cidade, mantendo um endereço fixo. Nossa movimentação é restrita: da casa para o trabalho, do trabalho para o bar, do bar para a casa, com pequenas variações de itinerário. Essa rotina vai se firmando gradualmente e um belo dia nos damos conta de que estamos vendo sempre as mesmas pessoas e conversando sobre os mesmos assuntos. Não há grande aventura ou descoberta no nosso deslocamento sistemático dentro desse microcosmo.

Isso, sim, soa como um desaparecimento. Onde foram parar as outras partes de nós que compõem o todo?

Viajar é sair em busca dos nossos pedaços para integralizar o que costuma ficar incompleto no dia a dia.

Assisti com entusiasmo a *On the Road*, adaptação do livro de Jack Kerouac, superbem filmado por Walter Salles, e também a *Aqui é o meu lugar*, em que Sean Penn, magistral, pra variar, interpreta um roqueiro decadente que sai pela estrada para acertar as contas com o passado do pai e encontra adivinhe quem? Ele mesmo, ora quem. É sempre assim. Há em nós uma persona oculta que só se revela quando a gente se põe em movimento.

Road movies me encantam porque dão protagonismo a tudo que alimenta nossa fantasia: a liberdade, a música, a poesia, a natureza e o tempo estendido, sem o aprisionamento dos relógios e dos calendários – viajar é uma jornada simultânea de ida e volta, nosso passado e nosso futuro marcando um encontro no asfalto. Ou sou eu que fico meio chapada só de falar nisso.

*On the Road*, mesmo que em certos pontos convide para um cochilo, tem momentos arrebatadores, como a dança sensual de Kristen Stewart com Garrett Hedlund, o boogie woogie de Slim Gaillard num contagiante número de jazz, e um final que emociona, se não a todos, certamente aos que reverenciam a literatura. Já o filme com Sean Penn é uma viagem fragmentada para longe do lugar comum – nada é óbvio, nada é linear, nada é o que se espera. E não bastasse ter Frances McDormand no elenco e a trilha sonora de David Byrne, ainda conta com a participação significativa, tipo cereja do bolo, do ator Harry Dean Stanton, que nos remete ao emblemático *Paris, Texas*, uma forma de lembrar que todas as estradas se cruzam em algum ponto.

Que seus pais não me ouçam, mas se você está entre iniciar uma terapia ou se largar no mundo, comece experimentando a segunda opção. Ambas levam para o mesmo lugar, mas num consultório não tem vento no rosto nem céu estrelado. Se não funcionar, aí sim, divã.

# Pirâmide de Erros

*Magnólia*, dir. Paul Thomas Anderson, 1999

Se você anda ligeiramente desanimado, com uma visão meio ácida da vida, melhor não assistir a *Magnólia*. Vá ver *Bossa Nova*, distraia-se. Agora, se você gosta de remexer em velhas feridas, se acha necessário fazer o inventário dos próprios erros, então ponha *Magnólia* nos seus planos. São três horas de deprê, três horas sentado assistindo a um filme que, quando acaba, dá vontade de continuar sentado mais uns vinte minutos, fazendo a digestão.

*Magnólia* trata sobre arrependimento e perdão. Relações familiares que se deterioram com o tempo, que não correspondem às expectativas, que geram consequências radicais. Como quase nada fica impune nessa vida, mais cedo ou mais tarde chega a hora da verdade, a hora de admitir os tropeços cometidos e de tentar consertá-los, mesmo que o tempo esteja esgotado. É como tentar marcar um gol na prorrogação.

O filme é o retrato desta era individualista, em que as pessoas estão tão autocentradas que não sabem mais o que fazer com o amor que têm dentro, não sabem a quem distribuí-lo, acabam oferecendo-o para o primeiro que cruzar à frente. Uma era em que o que importa é ser um vencedor, ter superpoderes e jamais admitir que está errado. O ego sustenta a farsa. Cocaína e anfetaminas também.

Julgar os outros é bem mais fácil que julgar a si mesmo. Nosso mea culpa é adiado até que a morte esteja iminente e não haja mais tempo para novos erros, apenas para um único acerto: pedir perdão. É o momento de ser humilde, de revelar nossas fraquezas e desculpar as dos outros. De convocar a família, e não o padre, para a extrema-unção.

De vez em quando o filme escorrega na simplificação: parece que o que todos precisam saber é se foram traídos um dia. Não dá para acreditar que esta seja a resposta que precisamos para aliviar a aflição de uma vida. As imprudências da raça humana, as verdadeiramente densas, passam longe da cama.

É na infância que inicia o estrago. É lá que vamos nos sentir amados ou rejeitados, carregando os efeitos disso pela vida afora. É bem mais para trás que todos devem olhar se quiserem entender suas atitudes. Adultos são crianças que não tiveram seus medos acalmados, crianças que foram cobradas em excesso, crianças que foram feias, dentuças, gordas ou tímidas demais, que foram molestadas, tratadas com um mimo despropositado ou uma indiferença brutal. Adultos são crianças que tiveram razão e não foram escutadas, que fizeram bobagens e não foram advertidas, que realizaram os sonhos dos outros em detrimento dos seus. Adultos são crianças que precisam ter sua inocência devolvida, nem que seja no último ato.

# Muito barulho por tudo

*Shine a Light*, dir. Martin Scorsese, 2008

Tem uns aí que acabaram de completar trinta anos de idade e já começam a falar coisas como: "no meu tempo" isso, "no meu tempo" aquilo. Imagina então quem está fazendo quarenta. Ou cinquenta. Ou mais. Está todo mundo em pânico, com medo de envelhecer. O que, de certa forma, é um medo mais razoável do que ter medo da morte: essa virá a qualquer hora e crau. Com sorte, a gente não vai nem perceber o que está acontecendo. Já envelhecer é um processo lento e com muitos dissabores. A perda da energia. A perda do pique. A perda do charme. A perda da saúde física.

Por essas e outras, recomendo aos "idosos" que amam bossa nova, chorinho, jazz, música clássica, música barroca, música instrumental, pagode, samba e bolero que assistam imediatamente ao documentário *Rolling Stones – Shine a Light*. Você pode odiar rock'n'roll, mas se ama a vida e anda sendo rondado pelo fantasma da decrepitude, o filme é um tratamento de choque da melhor qualidade. Você sai do cinema com uma visão renovada da terceira idade.

Mick Jagger fará 65 anos em julho. Keith Richards, 65 em dezembro. O baterista Charlie Watts tem 67 e o caçula, Ron Wood, 61. Não dá para dizer que eles possuem uma pele de anjo – seus rostos mais parecem o Grand Canyon. O brilhante Martin Scorsese (66 anos), que dirigiu *Shine a Light* com o talento que a gente conhece não é de hoje, simplesmente não teve condescendência alguma com os quatro rapazes da banda: dá pra enxergar até suas cáries. Mas não é um filme de terror. Assistir por duas horas a Mick Jagger no palco é a prova inconteste de que lá adiante, ou ali adiante (não sei em que idade você se encontra) não há, necessariamente, perda de energia, nem perda de pique, nem perda de charme. Perda nenhuma de charme, aliás. O homem é um dínamo.

Apesar de mostrar um show quase o tempo inteiro, lá pelas tantas aparece uma cena de Jagger bem garoto, recém começando a fazer sucesso, com aparência de quem cheirava a leite (mas já com ar de quem cheirava outra coisa). Um jornalista pergunta a ele: "Você se imagina fazendo a mesma coisa aos sessenta"? Resposta: "Fácil". Era provocação, mas o fato é que ele chegou em 2008 fazendo exatamente a mesma coisa. Só um pouquinho mais ofegante, mas menos do que muito quarentão que faz meia hora de esteira na academia.

Além de um registro histórico da banda mais longeva e mais importante depois dos Beatles, esse documentário é de tirar o fôlego. Dá um tapa na cara do nosso cansaço, nos envergonha pela nossa falta de atitude (palavrinha manjada, mas é a que define os Stones, não tem outra), e nos avisa: velhice? Sem essa. Nós também temos um palco: aqui, este. A vida. Também temos plateia, luz, figurino, a não ser que você tenha optado por virar ermitão. Um resfriado violento pode nos jogar na cama e nos fazer sentir velhos aos vinte anos, mas se temos saúde, não há velhice que nos detenha, a não ser que tenhamos, por vontade própria, deixado de usar o cérebro.

Vá assistir ao documentário mesmo gostando apenas de canto gregoriano. É uma injeção de adrenalina. E se você gosta de rock como eu, bom, então nem preciso recomendar nada: você já deve ter ido e está aí, fazendo planos para depois de se aposentar aos cem.

# ALL WE NEED IS LOVE

*Across the Universe*, dir. Julie Taymor, 2007
*Um lugar na plateia*, dir. Danièle Thompson, 2006

Recentemente manifestei meu entusiasmo com o documentário *Shine a Light*, que mostra um impactante show dos Rolling Stones intercalado por alguns poucos depoimentos e rápidas cenas de bastidores. Recebi vários e-mails elogiosos, porém três pessoas ficaram desapontadas por eu enaltecer a obra dirigida pelo Scorsese e não ter escrito uma única linha sobre *Across the Universe*, que ainda segue em cartaz, com trilha dos Beatles, banda de que meu eleitorado sabe o quanto sou fã. Um leitor ainda lembrou que escrevi a respeito antes mesmo de assisti-lo, mas por que não depois? Passei para o lado do diabo?

O musical vale pela trilha sonora (ave, Beatles!) e por alguns bons momentos de psicodelismo, mas achei um filme sem vigor, irregular, de uma rebeldia pueril. Pra quem viu *Tommy*, *Pink Floyd – The Wall* e *Hair*, pra citar alguns parentes próximos, *Across the Universe* me pareceu apenas simpático.

Mas pra não dar a impressão de que virei a casaca, e já que o assunto principal dessa edição do jornal são os verdadeiros luxos, me rendo: *Across the Universe* narra uma história de amor, e o amor é o luxo supremo, ao lado da arte, outro luxo indispensável.

Aqui, fora das telas, na vida real e mundana, os amores não têm sido eternos e nem infinitos enquanto duram, até porque não duram. São rápidos flashes de entusiasmo, são apostas, são ensaios, são tentativas, são experiências para constar do currículo pessoal de cada um. Parecem mais fugas do que encontros. Amores quase perversos em sua instantaneidade, em sua fragilidade, em seu medo. Medo de quê? Sei lá, de vingarem: vá que dê certo. Melhor fazer a fila andar, já que não é fácil administrar um amor. Porém, mais difícil ainda é viver sem ele, e lá vão todos em busca de beijos a granel e realizações automáticas de desejos, tudo muito aflito, sem norte e sem calma. Onde estão as grandes e verdadeiras paixões?

O reconhecimento do amor, a dedicação a esse sentimento, o usufruto dessa emoção passa por uma sensibilidade especial que nada tem a ver com as urgências de uma sociedade que não sabe mais frear e aquietar-se. Quem nos ajuda a resgatar o amor, aquele amor que merece ser chamado como tal, é a arte. É ela que nos treina para o exercício da contemplação e para o respeito à solidão, porque só ama direito quem não tem medo de ficar sozinho, quem não usa o amor como salva-vidas, como muleta. E é aí que vou tergiversar e recomendar um terceiro filme que já saiu de cartaz há um tempo, mas está disponível em DVD: *Um lugar na plateia*, produção francesa sem grandes pretensões, de uma delicadeza hoje incomum, que conta várias pequenas histórias de pessoas que amam e outras que não possuem ninguém, mas todas elas apaixonadas por música, por escultura, por teatro, por cinema, por livros e por tudo o que faz a gente se emocionar e se reconhecer como seres humanos. Foi o filme de amor mais bonito que assisti nos últimos tempos, um filme sobre o amor próprio, sem o qual nenhum outro amor funciona.

# HOMENS

*O que os homens falam*, dir. Cesc Gay, 2012

Oque não faltou foi homem nessa Copa, dentro e fora do campo. Tinha de tudo: baixo, alto, moreno, loiro, cabeludo, careca – uma miragem. Mas agora é hora de trocar a tevê pelo cinema a fim de se aprofundar um pouquinho no instigante mundo masculino, e para isso nada melhor que o filme espanhol *O que os homens falam*, do diretor Cesc Gay. No filme, cinco episódios expõem as crises de meia-idade dos nossos queridos. A presença do argentino Ricardo Darín é o toque de excelência do elenco, mas os demais atores são excepcionais também.

Divertido, inteligente e enternecedor. Quando cheguei em casa, ainda trazia um sorriso no rosto, tal é a leveza desse filme que desmistifica o macho alfa, revelando os homens como realmente são: falíveis, infantis e doces, até mesmo os cafajestes. Até eles.

A luta feminina pela conquista de direitos é legítima e necessária, mas criou uma atmosfera de campo de guerra – o homem passou a ser visto como o predador que deve ser combatido, o responsável por todas as infelicidades que nos atormentam. Calma. Se isso é mesmo verdade, é porque teimamos em dar a eles o protagonismo de nossas histórias românticas, e eles acabam se transformando em inimigos íntimos, mas culpa, culpa mesmo, ninguém tem de nada. Tanto eles como nós somos igualmente cerebrais e emotivos. O que nos difere, talvez, seja o humor, que é a maneira que externamos nosso ponto de vista sobre tudo o que acontece.

E aqui entro em campo minado, prestes a receber uma saraivada de insultos das minhas parceiras de gênero: considero o humor masculino mais interessante que o nosso. Há quem diga inclusive que não existe humor feminino – quando ele funciona, é porque é masculino também. Pode ser. A mulher recorre à caricatura e ao exagero para tornar-se engraçada – somos as rainhas do drama, como se sabe. Já o humor masculino é reflexo de uma observação realista. Eles extraem graça do inevitável, e isso me parece extremamente comovedor.

Homens riem de si próprios com economia, sem excessos. Puro charme. É isso que encanta nos personagens de *O que os homens falam*. Não são inflamáveis, e sim discretos, usam poucas palavras, e falam também através de gestos e olhares sutis. O humor deles seduz (ao menos a mim) porque não é cênico, teatral, espalhafatoso, e mesmo quando existe a intenção assumida de fazer rir, eles o fazem sem alarde – Woody Allen e Luis Fernando Verissimo têm isso em comum, para exemplificar. É um humor que não sei como adjetivar de outra forma, a não ser dizendo o óbvio, que é um humor masculino no que o homem tem de melhor: a desafetação. De histéricas basta a gente.

# PERCEPÇÕES

*O lutador*, dir. Darren Aronofsky, 2008

Existem aqueles filmes que são violentos no sentido da pancadaria, do sangue e das vísceras espalhadas para todos os lados, e há os filmes violentos do ponto de vista emocional, aqueles que escancaram a dor do conflito interno. Para esses, sempre comprarei meu ingresso, mas para os que arrancam cabeças e furam olhos, não tenho dado a honra da minha presença, e ela não faz falta, são eternos campeões de bilheteria.

Eu receava que o filme *O lutador* fosse muito sanguinário, mas como tinha curiosidade de ver a atuação de Mickey Rourke, encarei. E fui surpreendida por um personagem que gosta de crianças, que quer se reconciliar com a filha adolescente, que se enamora de uma stripper e faz dela sua melhor amiga, que tenta levar uma vida normal como atendente de um açougue, que respeita seus adversários dentro e fora do ringue. Uma criatura doce e sentimental em contraste com a brutalidade que, na luta livre, é forjada, porque brutal mesmo é sofrer humilhações e frustrações no nosso desafiante dia a dia.

Ou seja, excetuando-se uns cinco minutos de uma briga mais barra pesada, o filme é censura livre total. E comentei isso no meu blog.

Aí um leitor seguiu minha dica, foi ver o filme e não concordou com nada do que eu disse: considerou *O lutador* extremamente violento, decrépito, horrível. Eca.

Ele começou seu comentário perguntando: "será que vimos o mesmo filme?". Na verdade, ninguém vê o mesmo filme, nem lê o mesmo livro, nem assiste ao mesmo show. Nada é assimilado de forma automática e instantânea por um grupo, feito uma catequese – nem mesmo a catequese. Toda obra de arte, ao ser analisada, sofre uma interferência muito íntima de quem a consome. A brutalidade passa a ser um conceito flexível que estará relacionado com a própria brutalidade vivenciada por quem está do outro lado do balcão, assim como o romantismo, assim com a política, assim como tudo. Somos todos coautores do que a gente recebe aparentemente pronto. Nada está pronto, até que seja percebido.

Isso não é nenhuma novidade, mas ainda me instiga: quem tem razão? Todo mundo tem razão. Qualquer crítica, por mais bem escrita e argumentada, nunca será totalmente isenta, porque está intoxicada pela emoção mais íntima do avaliador. Mesmo aqueles que, diante de uma obra, procuram não se envolver e controlam a própria sensibilidade, até esses costumam ser traídos por algum ressentimento ou deslumbramento que acaba se revelando maior do que sua intenção de ser apenas racional.

Eu tenho uma atração irresistível por tudo o que escapa dos conceitos de certo e errado, mesmo que pelos atalhos mais fuleiros. O lutador já é um assunto antigo, mas serviu aqui como exemplo. Afinal, é um filme violento ou é um filme terno? É apenas um filme e seus multirreflexos, como tudo na vida.

# UMA HOMENAGEM AOS ERRANTES

*Frances Ha*, dir. Noah Baumbach, 2012

Anda difícil ser jovem. O leque de opções é farto e isso deixa qualquer um indeciso. E mesmo quando se decide com alguma convicção, pouco adianta: onde foram parar os empregos, onde estão os amores, o que fazer quando as coisas não saem como o esperado?

De uma coisa a protagonista de 27 anos do filme *Frances Ha* sabe: "dar certo" é algo muito relativo – e restrito. Existem poucas vias para o sucesso e inúmeras para o fracasso. A única maneira de conseguir vaguear pela vida sem lamentar as tentativas frustradas é reconhecer que a normalidade também pode ser manca, vesga e fanha. Até quando tem chance de acertar, Frances prefere apostar no azarão: "Gosto das coisas que parecem erros".

E já que ela revela isso com um sorriso no rosto, em vez de resmungando, subverte a questão e mostra que o "erro" pode ser um estilo de vida aceitável, é só cuidar para que ele não provoque isolamento nem nos conduza ao "ai de mim". Arriscar com graça e autenticidade pode ser um acerto do avesso.

Nem todos querem ser campeões em tudo. Os errantes não aparecem nas colunas sociais nem são exemplos de virtude, mas têm um jeito próprio de se expressar e de existir, lutando para manter sua identidade mesmo na contramão do que se estabeleceu como "certo". Conheço, por exemplo, quem prefira dias nublados e chuvosos, o que soa como errado, ainda que um erro poético. Só que a poesia não tem nada a ver com essa preferência. Um dia essa pessoa me confessou que gostava de dias nublados porque era quando não se sentia cobrada a "aproveitar a vida lá fora". Ela aproveitava a vida por dentro, e o clima fechado era seu cúmplice diante de uma sociedade que decretou como certo que todas as pessoas devem frequentar parques, praias e praticar exercícios ao ar livre. Quando chovia, ela tinha a rara oportunidade de se sentir enquadrada.

Há caminhos bem sinalizados para se ter uma vida plena, saudável e com garantia de receber uma estrelinha dourada ao final da jornada, mas há quem se sinta tentado pelos desvios. Qual o problema de não querer ter filhos ou de não desejar fazer parte da diretoria? Lembro uma passagem divertida de um livro de Martin Page. O personagem recebe uma promoção e a recusa, questionando. "Por que sou obrigado a evoluir?". O patrão insiste: "Mas você faz um trabalho excelente!". E ele: "Não faço isso de propósito".

Há quem não queira mais responsabilidades do que já tem, mesmo que signifique ganhar menos dinheiro. Quem decretará que isso é falta de rumo? Errantes, somos todos, em algum aspecto. Fazer besteira para chamar a atenção é contraproducente, mas optar por alternativas não abençoadas pelo senso comum pode ser apenas uma maneira de levar a vida como se gosta.

# AMPUTAÇÕES

*127 Horas*, dir. Danny Boyle, 2010

Quando o filme *127 Horas* estreou no cinema, resisti à tentação de assisti-lo. Achei que a cena da amputação do braço, filmada com extremo realismo, não faria bem para meu estômago. Mas agora que saiu em DVD, corri para a locadora. Em casa eu estaria livre de dar vexame. Quando a famosa cena iniciasse, bastaria dar um passeio até à cozinha, tomar um copo d'água, conferir as mensagens no celular, e então voltar pra frente da tevê quando a desgraceira estivesse consumada. Foi o que fiz.

O corte, o tão famigerado corte, no entanto, faz parte da solução, não do problema. São cinco minutos de racionalidade, bravura e dor extrema, mas é também um ato de libertação, a verdadeira parte feliz do filme, ainda que tenhamos dificuldade de aceitar que a felicidade possa ser dolorosa. É muito improvável que o que aconteceu com o Aron Ralston da vida real (interpretado no filme por James Franco) aconteça conosco também, e daquele jeito. Mas, metaforicamente, alguns homens e mulheres conhecem a experiência de ficar com um pedaço de si aprisionado, imóvel, apodrecendo, impedindo a continuidade da vida. Muitos tiveram a sua grande rocha para mover, e não conseguindo movê-la, foram obrigados a uma amputação dramática, porém necessária.

Sim, estamos falando de amores paralisantes, mas também de profissões que não deram retorno, de laços familiares que tivemos de romper, de raízes que resolvemos abandonar, cidades que deixamos. De tudo que é nosso, mas que teve que deixar de ser, na marra, em troca da nossa sobrevivência emocional. E física, também, já que insatisfação debilita.

Depois que vi o filme, passei a olhar para pessoas desconhecidas e a me perguntar: qual será a parte que lhes falta? Não o "pedaço de mim" da música do Chico Buarque, aquela do filho que já partiu, mutilação mais arrasadora que há, mas as mutilações escolhidas, o toco de braço que tiveram que deixar para trás a fim de começarem uma nova vida. Se eu juntasse alguns transeuntes, aleatoriamente, duvido que encontrasse alguém que afirmasse: cheguei até aqui sem nenhuma amputação autoprovocada. Será? Talvez seja um sortudo. Mas é mais provável que tenha faltado coragem.

Às vezes o músculo está estendido, espichado, no limite: há um único nervo que nos mantém presos a algo que não nos serve mais, porém ainda nos pertence. Fazer o talho machuca. Dói de dar vertigem, de fazer desmaiar.

E dói mais ainda porque se sabe que é irreversível. A partir dali, a vida recomeçará com uma ausência.

Mas é isso ou morrer aprisionado por uma pedra que não vai se mover sozinha. O tempo não vai mudar a situação. Ninguém vai aparecer para salvá-lo. 127 horas, 2.300 horas, 6.450 horas, 22.500 horas que se transformarão em anos.

Cada um tem um cânion pelo qual se sente atraído. Não raro, é o mesmo cânion do qual é preciso escapar.

# MERYL STREEP, CHORAI POR NÓS

*As pontes de Madison*, dir. Clint Eastwood, 1995

Não há quem já não tenha dado uma choradinha no escuro do cinema. Muitos adultos verteram baldes de lágrimas ao final de *Love Story*, enquanto crianças soluçam até hoje na cena em que a mãe do Bambi vai pro céu. São duas horas de desligamento em que acontecem as maiores catarses. Alguns abrem o berreiro sem embaraço, outros fingem estar gripados. Há aqueles que puxam uns óculos escuros providenciais, mesmo que esteja um breu lá fora. Chora-se até em filme com o Eddie Murphy, o que me parece compreensível. *As pontes de Madison* é mais uma oportunidade para lavar a alma.

A plateia inteira abre a torneirinha nos últimos vinte minutos do filme, homens e mulheres. Mas o motivo do choro não é a morte, que tanto nos fez chorar em *Filadélfia*, *Terra das sombras*, *Flores de aço* e outros campeões de tortura. A perda de um familiar ou de um amigo, mesmo na ficção, sempre gera reações emocionadas, seja porque já se passou por isso, seja porque ainda vai se passar. Impossível não se colocar no lugar de Shirley McLaine na cabeceira da filha no final de *Laços de ternura*. Que bala azedinha, que nada, eu quero é um lenço de papel.

*As pontes de Madison* não trata da morte, pelo menos não as deste tipo, consideradas trágicas por serem decididas pelo destino. A morte de *As pontes de Madison* é mais cruel: é a morte que nos autoimpomos para sobreviver num mundo onde as regras sociais são mais importantes do que os nossos instintos naturais.

A história do filme, para quem não sabe, é a de uma mulher de meia-idade, casada e com dois filhos adolescentes, que conhece um homem e vive com ele um romance durante quatro dias enquanto sua família está fora da cidade. Nestes quatro dias ela redescobre em si valores e sentimentos que haviam sido abafados por anos e anos de um casamento morno e rotineiro. Qualquer semelhança com a vida real não é mera coincidência.

Em um dos muitos diálogos entre Clint Eastwood e Meryl Streep, protagonistas do filme, aparece uma frase que Woody Allen já havia usado em *Crimes e pecados*: "a gente é a soma das nossas decisões". Nada é mais verdadeiro: todos nós somos frutos das nossas escolhas, e muitas vezes nos tornamos vítimas delas. Uma mulher que se casa aos vinte anos, abandonando a profissão e dedicando-se unicamente à família, não fez uma escolha errada. Naquele momento da sua vida, era o que ela queria para si. Mas o tempo não para. Esta mesma mulher cresce e vê seus antigos sonhos darem lugar a novos desejos. Seria simples se fosse apenas uma questão de acumular atividades, realizações, vivências, mas geralmente é preciso abrir mão de uma coisa em função de outra, e é aí que é preciso escolher quem, entre todas as mulheres que somos, será sacrificada.

Ninguém é 100% maternal, ou 100% aventureira, ou 100% executiva. No entanto, muitas pessoas escolhem um único papel para exercer na vida, anulando todas as outras possibilidades. Fazem isso porque não acreditam na sua capacidade de administrar muitos "eus" dentro de si, optando por dedicar-se a um só, como se ele pudesse resistir sozinho a tantos apelos externos.

Francesca, a personagem de Meryl Streep, era mãe de forno e fogão em tempo integral, até que encontrou um homem que conseguiu enxergá-la além do estereótipo, despertando nela outra Francesca, que gostava de dançar, que sentia falta de lecionar, que desejava conhecer lugares exóticos. Cabe a ela, no final do filme, decidir qual a Francesca que deve sobreviver: a dona de casa convencional ou a mulher que quer sair mundo afora em busca de si mesma.

Todos os dias, passamos por essa provação, mas se desde cedo nos acostumarmos com a presença de nossas outras personalidades, sem tentar mascará-las, as escolhas serão feitas com menos trauma. Chama-se a isso amadurecimento. Dói, por isso choramos.

# PLANO-SEQUÊNCIA

*Birdman*, dir. Alejandro G. Iñárritu, 2014

Uma das peculiaridades de *Birdman*, ganhador do Oscar, é ter sido filmado num plano-sequência, com apenas alguns poucos subterfúgios para cortar o filme sem dar esta impressão, então o que vemos é uma ação ininterrupta, tal qual a vida real, que não tem corte também, não existe, por exemplo, uma corrupção que começou de repente, em determinado dia, com a entrada de determinado partido no poder, a corrupção tem estado em cena persistentemente desde que o Brasil foi descoberto, ainda que ela tenha encontrado terreno fértil nos últimos anos, e o mesmo acontece com a questão do aborto, discussão que se ampara em um sentimentalismo barato, mulher nenhuma levará uma gestação adiante se ela não quiser, nenhuma jamais levou, nossas avós abortavam, nossas bisavós abortavam, e a mulher de amanhã também abortará, sendo crime ou não, ou seja, criminalizar é apenas uma forma de punir essa mulher, obrigá-la a procedimentos clandestinos, uma hipocrisia a mais num país que se recusa a deixar a religião de lado para pensar de forma menos passional e mais sintonizada com seu tempo, mas não adianta, é assim desde sempre, ato contínuo, somos os campeões do prolongamento do nosso atraso, e outra prova disso é a questão da adoção de crianças por casais homoafetivos, a cena se estende, considera-se absurdo alguém ser criado com amor por dois homens ou duas mulheres, muito melhor o orfanato, a desatenção, a moral empoeirada, melhor salvar os bons costumes e deixar a criança se ferrar em seu abandono, e lá vamos nós dar continuidade a um jeito mascarado de existir, faz de conta que as instituições são mais importantes que as pessoas, faz de conta que a figura etérea de Deus é mais importante que a felicidade de cada um, faz de conta que existe eternidade e que isso aqui é só um aperitivo, um *unhappy hour* antes de irmos todos para um lugar melhor, mas que ninguém sabe onde é, como é, e assim, cultivando crendices, superstições e ignorâncias, seguimos perpetuando uma vida surreal, seguimos tapando os olhos para o evidente em detrimento do que se supõe, seguimos enaltecendo as ilusões em detrimento da realidade, a vida é simples, a vida não precisa de tantos mandamentos, não precisa de tanto além, de tanto mistério, de tanta mentira, de tanto apego ao sobrenatural a fim de não enfrentar o que é natural – o desejo –, mas não, o mundo está caindo de podre e a câmera segue filmando, é um plano-sequência, todos cultivando problemas a fim de valorizar sua trajetória, todos, como os personagens de *Birdman*, desesperados diante da própria desimportância, recusando-se a entender que só serão livres quando desapegarem do ego, não querendo enxergar que o poder é uma ilusão patética, que dogmas não são boias salva-vidas, que o mundo pode ser mais leve e alegre do que é, e que somos todos iguais nesta caminhada rumo a um final em aberto.

# Jogo de cena

*Jogo de cena*, dir. Eduardo Coutinho, 2007

O novo documentário de Eduardo Coutinho, *Jogo de cena*, merece ser visto por inúmeros motivos. Primeiro, é um show de humanidade. Na tela, uma sequência de depoimentos de mulheres anônimas de todas as gerações e classes sociais. Elas contam seus dramas particulares como se estivessem numa sessão de psicanálise. São dramas parecidos com os de todo mundo: relações complicadas com filhos, separações conjugais, sonhos que foram adiados, superações, o enfrentamento da morte; mas cada uma dessas histórias torna-se única pelo foco, pelo close, pela atenção que somos convidados a dar para cada uma dessas desconhecidas: atenção que quase não damos a mais ninguém aqui fora.

 O pulo do gato da obra é que esses depoimentos são intercalados pela aparição de atrizes famosas que interpretam essas mulheres anônimas, repetindo o mesmo texto. Marília Pêra, Fernanda Torres e Andréa Beltrão aceitaram o desafio, e aí vem o instigante do filme: não chegaram lá, apesar de toda a tarimba que possuem. Os depoimentos verdadeiros dão um baile nos depoimentos encenados. Fica evidente que ninguém consegue reproduzir uma emoção verdadeira, a não ser que não seja confrontado com a referência que lhe inspirou, ou seja: essas atrizes dão vida a personagens fictícios em novelas e peças de teatro com total competência, a gente até acredita que seus personagens existam, mas quando existem pra valer e são confrontados com a interpretação que recebem, a interpretação é desmascarada como tal. É incrível ver a reação das atrizes diante do resultado, elas ficam desestabilizadas por não conseguirem dramatizar com naturalidade aquilo que não é arte roteirizada, e sim vida real. E é nessa desestabilização que as atrizes também mostram sua faceta mais humana – e acabam por participar do documentário com depoimentos delas mesmas. Aí funciona.

Enfim, é um jogo de espelhos fascinante.

Por fim, mas não menos importante, todas as mulheres que aparecem no filme, por mais que tenham vidas sofridas – e como têm! – não perdem sua graça. No auge de seus depoimentos dilacerantes, surge uma ou outra frase que faz a plateia gargalhar, porque todas elas conseguem, em algum momento de sua narrativa, buscar algo que atenua o drama, que alivia a pressão, que relativiza o que está sendo contado. Não importa que elas não sejam grandes intelectuais: são inteligentes em sua postura de vida, sabem que até do sofrimento é possível arrancar um sorriso. Fiquei orgulhosa delas e de todas as mulheres que, mesmo mergulhadas em dor, não perdem a noção de que a vida é apenas uma breve passagem e merece ser curtida com esperança e sem reverência extrema. No final das contas, ficou claro que a tal alegria brasileira é mesmo redentora.

# O MUNDO SEGUNDO AS CRIANÇAS

*Primeira geração*, dir. Rafael Figueiredo e
Márcio Schoenardie, 2008

Crianças não escrevem colunas para jornal. Não publicam livros. Não dão entrevistas para a tevê. Não são consultadas em pesquisas. Crianças simplesmente existem, estão ao nosso redor e mobilizam nossas emoções e ações: somos pais e acreditamos saber o que é melhor para nossos filhos. Mas até onde conseguimos perceber o que eles sentem de verdade? Crianças, ao menos a maioria delas, não são articuladas como adultos. Não racionalizam sobre os próprios sentimentos. Elas se comunicam conosco de outras formas: através dos seus silêncios, da sua falta ou excesso de apetite, da sua timidez ou desinibição, das suas perguntas aparentemente sem importância, das suas observações que muitas vezes não são levadas a sério. "Isso é coisa de criança" é a desculpa que costumamos dar a nós mesmos diante de qualquer atitude incômoda da parte delas.

E assim a vida segue. Adultos opinando e discutindo sobre o mundo em que vivem, enquanto as crianças seguem sem representatividade, vivendo dentro do seu próprio universo e cultivando seu próprio mistério.

    Não por acaso, filmes que são narrados através da visão de uma criança (nos anos 80, o sueco *Minha vida de cachorro* e o alemão *O tambor*, e, mais atuais, o chileno *Machuca* e o brasileiro *O ano em que meus pais saíram de férias*, só pra citar quatro entre centenas de exemplos) são sempre recebidos pela plateia com um genuíno interesse, pois despejam sobre nós uma alta carga poética e emocional: através dessas obras, lembramos que uma criança não é um acessório familiar que apenas estuda, brinca e dorme. Criança presta atenção em tudo e reage aos acontecimentos de forma autêntica e inusitada, pois ainda não está viciada em fórmulas e jargões analíticos. A visão que uma criança tem do mundo é sempre surpreendente e sempre delicada, mesmo diante da violência mais brutal.

    Que violência? Bom, o mundo não é exatamente um parque de diversões. Crianças sofrem perdas familiares e humilhações na escola, vivem sob a pressão do bom comportamento, se assustam diante de emoções novas, são bombardeadas por informações que ainda não conseguem processar, recebem estímulos visuais que nem sempre são próprios para sua idade, têm pesadelos, fantasias e um monte de perguntas na cabeça. Se já não era brincadeira ser criança na nossa época, hoje deve ser ainda mais complicado.

    A televisão algumas vezes ajuda a complicar, mas também ajuda a entender. No próximo final de semana estreará uma nova série produzida aqui no estado, pela RBS, composta de seis episódios que abrirão para nós esse universo tão peculiar, assim como o cinema faz de vez em quando. Chama-se *Primeira geração* e mostrará como vive e sente essa garotada que é a primeira fornada dos anos 2000, os futuros adultos que assumirão nosso lugar. Eu assisti a um dos episódios e fiquei realmente tocada com a sensibilidade e a qualidade do projeto. Se puder, assista. Não é sempre que o mundo infantil recebe o respeito que merece.

# A FESTA DE MARGARETTE

*A festa de Margarette*, dir. Renato Falcão, 2003

Um filme brasileiro, em preto e branco, sem superprodução, sem atores da Globo e sem diálogos. Eu sei. Você quer que eu diga logo onde é que esta maravilha está em cartaz pra não passar nem perto da calçada. Eu vi no cine Guion, do shopping Nova Olaria. O filme chama-se *A festa de Margarette*. Não vá mesmo, caso você seja uma pessoa que não goste de música, ache os antigos filmes do Charles Chaplin uma chatice, nunca tenha ouvido falar em Ilana Kaplan e pense que Hique Gomez é aquele ensandecido que veio da Sbórnia.

Eu gostei, mas sou suspeita. O filme tem inúmeros méritos: a) uma trilha sonora excepcional, que funciona como se fosse um personagem do filme; b) um roteiro que começa leve e que vai ficando mais denso à medida que passa a fazer crítica social, mas que nunca perde a poesia nem se torna panfletário; c) tem a participação especial da atriz Carmem Silva e até uma hilária aparição de meio segundo do professor Luís Augusto Fischer; d) uma direção de fotografia que supera a beleza pressuposta de todo filme preto e branco; e) e tem o Hique Gomez, que é meu amigo. Ahá, bem que você estava desconfiando.

Conheci o Hique muito antes de existir o *Tangos e tragédias*. Tenho uma breve participação no nascimento da filha dele, a talentosa Clarah Averbuck, mas não sou a mãe. A história é distante, portanto vou pular essa parte. O que interessa é que o Hique merece uma análise mais séria, se é que é possível atribuir esta palavra a ele.

Sem desmerecer a competência do diretor Renato Falcão e da nossa conceituada Ilana Kaplan, o Hique manda no filme. Além de ter composto a trilha sonora, que já foi premiada, ele é um superator. Tem aquela verve cômica que o consagrou no espetáculo que faz há vinte anos ou quase isso em dupla com o não menos incrível Nico Nicolaiewsky (e que resultou numa entrevista antológica que gravaram para o programa do Jô), e faz drama, igualmente, de um jeito que teria tudo para cair no caricato, mas não cai. Em vez de técnica, ele usa intuição. É um talento, esse menino.

Se você, ao contrário do que eu disse lá no início, gosta de filmes em que a música faz parte do elenco e adorava os filmes do Charles Chaplin, não vai ter do que se queixar durante a hora e vinte minutos que dura *A festa de Margarette*. Não estou levando um tostão nisso. É que é sempre bom escrever crônicas laudatórias enquanto ainda há gente que vale a pena elogiar.

# Arte e domesticação

*Cazuza, o tempo não para,* dir. Sandra Werneck e Walter Carvalho, 2004

Tem circulado pela internet um texto assinado por uma "mãe anônima" que revela estar escandalizada com o filme sobre o Cazuza. Entre outras coisas, diz: "as pessoas estão cultivando ídolos errados". E justifica: "reverenciar um marginal como ele é inadmissível (...), a morte de Cazuza foi consequência de sua educação errônea". Esses trechos bastam para dar uma ideia do conteúdo. Já recebi várias cópias desse texto, acompanhado da pergunta: "você não acha que é um ponto de vista interessante?".

É uma visão limitada e preconceituosa, isso sim. Se fôssemos admirar apenas o trabalho dos bons moços, teríamos que ignorar Oscar Wilde, Chet Baker, Janis Joplin, Eric Clapton, Billie Holiday, Kurt Cobain, Pablo Picasso, Jack Kerouac, Ernest Hemingway, pra citar apenas alguns nomes de uma longa lista de alcoolistas, egocêntricos, petulantes e geniais.

Não é preciso ser doidão pra realizar uma grande obra, há inúmeras pessoas talentosas que vivem de forma regrada, mas há que se respeitar aqueles que necessitam se exorcizar para criar, e que não estão prejudicando ninguém. A liberdade plena sempre foi politicamente incorreta. É pouco provável que Cazuza tivesse criado as músicas que criou caso ele fosse um menino temente a Deus com um emprego burocrático de segunda a sexta. Nada contra os tementes a Deus com empregos burocráticos, eles dão bons pais de família, bons médicos, bons carteiros e bons maridos, mas que não se queira exigir de um artista este tipo de enquadramento.

A autora anônima do texto diz, a certa altura, que ficou horrorizada porque sua filha adolescente assistiu ao filme e foi preciso explicar a ela que usar drogas, beber até cair e participar de bacanais não são coisas certas. É óbvio que não é um estilo de vida saudável, mas não podemos fingir que o mundo é composto apenas de super-heróis imunes a fraquezas, a curiosidades e a ímpetos que nem sempre estão dentro dos padrões.

O que importa na vida do artista é a sua arte. Biografias, filmadas ou escritas, servem apenas para entender a época em que ele viveu, quais eram seus conflitos, qual a fonte da sua inquietação. Ao se contar uma história de vida, seja ela qual for, humaniza-se o personagem. Será que foi essa a explicação que a adolescente recebeu, ou será que a mãe lhe aplicou uma bela lição sobre maniqueísmo? Há muitas formas de se ministrar uma educação errônea.

Citar Cazuza como um ídolo inadequado é de uma miopia desoladora. O que dizer de vários ídolos pré-fabricados que nada acrescentam artisticamente, que não emocionam nem instigam, apenas vendem sandalinhas? Deixemos que alguns artistas experimentem a desobediência, testem seus próprios limites, busquem a vida nos buracos sujos onde ela se esconde. Todos aqueles que pintam, dançam, cantam, escrevem e atuam com o sangue quente e a alma aos gritos estão, na verdade, ajudando a revelar a nós mesmos, cidadãos acima de qualquer suspeita.

# INFIDELIDADE

*Infidelidade*, dir. Adrian Lyne, 2002

O diretor de cinema Adrian Lyne faz filmes sob medida para o desfrute da plateia. Há sempre cenas quentes de sexo, atores vendendo charme, fotografia de comercial de cartão de crédito e uma liçãozinha de moral no fim. Não tentou ser diferente no seu mais recente filme, *Infidelidade*. Quando filmou *Atração fatal*, conseguiu assustar muitos homens que praticavam sexo casual fora do casamento. O risco de topar com uma psicótica como a personagem da Glenn Close não compensava a perda da família, tradição e propriedade. Melhor ficar em casa, fiel como um labrador. Como de praxe, o vilão do filme não era o adúltero (Michael Douglas), e sim a destruidora de lares, que teve o fim que merecia, como manda a cultura machista.

*Infidelidade* é, de modo menos histérico, a versão feminina de *Atração fatal*. As mulheres vão pensar duas vezes antes de se aventurar com um jovem-livreiro-francês--lindo-de-morrer que esbarrar com elas (isso acontece todo dia, você sabe). E os jovens livreiros ou similares irão pensar duzentas vezes antes de se engraçar para a mulher do próximo. Neste aspecto, o de incentivar a manutenção da monogamia, Lyne segue a cartilha de *Atração fatal*, apenas muda o foco sobre os personagens: agora não há vilões. Todos são vítimas.

Cinema é a arte do irreal: quanto mais exagerado, mais fascina. Se fosse um filme real, Adrian Lyne abriria mão de abordagens superficiais e investigaria a natureza do desejo humano, aprofundaria esta necessidade de seduzir e ser seduzidos que homens e mulheres sentem e que nada tem a ver com amor, é outro assunto. Se fosse um filme real, a culpa não estaria em trair um Richard Gere (se fosse um Danny DeVito, tudo bem?), mas em trair instintos pessoais, naturais e irracionais que diariamente sufocamos (reveja *As pontes de Madison*). Se fosse um filme real, estaria ali que o sexo quase nunca é o verdadeiro motivo de uma infidelidade, já que marido e mulher, ao contrário do que Lyne sugere, não fazem só papai e mamãe, há sexo impudico e prazeroso nos santos lares também. Se fosse um filme real, falaria mais sobre a rebeldia inerente a todo coração, sobre a vaidade que leva as pessoas a dizerem sim, sobre consequências psicológicas nem sempre dramáticas, e mostraria que uma pessoa é sempre mais valiosa do que uma instituição, é a instituição que deve servir a ela, e não o contrário. Mas aí a bilheteria iria para as cucuias.

*Infidelidade* não é um mau filme, é apenas um filme que não conta tudo.

# As garotas do calendário

*As garotas do calendário*, dir. Nigel Cole, 2003

Alguns filmes americanos são muito bons, pena que estimulem no mulherio metas irrealistas. Ficam todas tentando parecer a Nicole Kidman, a Cameron Diaz ou a Uma Thurman, o que deve dar um trabalho danado. Por isso, nada como um bom filme inglês para nos trazer de volta à realidade e lembrar que a única fórmula da juventude que funciona é ter saúde e bom humor.

Anos atrás, me surpreendi positivamente com o filme *O barato de Grace*, que conta a história de uma mulher na meia-idade, moradora de um vilarejo no interior da Inglaterra, cujo marido morre e lhe deixa um punhado de dívidas como herança. Como último recurso para salvar a casa onde mora, ela, uma jardineira de mão cheia e senhora das mais convencionais, acaba topando responsabilizar-se por uma plantação de maconha, e a partir daí é diversão garantida.

Pois o mesmo diretor de *O barato de Grace*, Nigel Cole, voltou a escolher a mulher de meia-idade, sem atrativos espetaculares, para protagonizar sua mais recente obra.

Só que agora não é uma, são várias mulheres. *Garotas do calendário* é programa obrigatório para quem gosta de filmes divertidos, humanos e inteligentes, sem parafernália tecnológica nem lição de moral no fim. Baseado num fato verídico, conta a história de algumas senhoras entre cinquenta e setenta anos, moradoras da zona rural de Yorkshire, que resolvem levantar fundos a fim de investir no hospital da região, e para isso decidem posar nuas para um calendário.

As fotos, diga-se, não mostram nus frontais, é tudo sugerido, porém ultrassexy, desmistificando essa história de que só há um tipo de padrão de beleza e ele só está disponível para jovens. Mas isso nem é o mais importante do filme. O que realmente excita é ver mulheres libertando-se de sua inibição, rejuvenescendo através do riso e da amizade, escapando de estereótipos e possibilitando que seus maridos e filhos as enxerguem de uma forma diferente – e tudo isso, repare bem, não atrás de fama e sucesso, mas por beneficência.

No entanto, a fama e o sucesso acabam chegando de surpresa, e a partir daí o filme ganha nova perspectiva. As mulheres passam a ser assediadas pela imprensa, gravam entrevista para o *Tonight Show* em Los Angeles e são convidadas a estrelar comerciais de tevê, tudo o que uma modelo de pôster central sonha na vida. Ainda bem que o conceito de sucesso não é o mesmo para todos, e nisso o filme também nos traz de volta à realidade. Sucesso é se divertir com o inusitado da vida, e não ficar à mercê de sanguessugas.

*Garotas do calendário*, anote. Um filme irreverente, que mostra como as noções de decoro e pudor podem ser reavaliadas, e que nos deixa face a face com as contribuições do tempo: que ele passe, ora bolas, e tire dos nossos ombros todas as culpas e angústias que a gente bobamente acumula.

Segundo um personagem masculino do filme, as mulheres de Yorkshire são como as flores, é na etapa final que ficam mais gloriosas. Simpático, esse cara. Tenho dúvidas se a etapa final é a mais gloriosa, mas deveria ser a mais leve. E isso não se injeta, se conquista.

# Dar-se alta

*Igual a tudo na vida*, dir. Woody Allen, 2003

Nada como não ter grandes esperanças para também não ter grandes frustrações. Todos diziam que o novo filme do Woody Allen era fraco e repetitivo, mas sempre acreditei que um fraco Woody Allen ainda é melhor do que muita coisa considerada boa por aí. Então lá fui eu para o cinema conferir *Igual a tudo na vida*, e não sei se devido à baixa expectativa ou ao meu entusiasmo incondicional pelo cineasta, saí mais do que satisfeita: não considerei o filme fraco coisa nenhuma.

Fraco achei o ator protagonista. Inexpressivo. Quase comprometedor. Fora isso, foi uma delícia ver Woody Allen jogar a toalha, reconhecer que a busca pelo sentido da vida é uma tarefa infrutífera e que todo mundo vive as mesmas angústias, do intelectual ao motorista de táxi. Extra, extra! Woody Allen se deu alta!

É verdade que *Igual a tudo na vida* remete a situações já mostradas em seus outros filmes, mas era este mesmo o propósito. Woody Allen faz o papel de um escritor veterano que dá dicas para um escritor amador, que não passa dele mesmo, anos antes. Não foi preciso escalar para o papel alguém com semelhanças físicas e os mesmos trejeitos: a angústia existencial do jovem Falk basta para identificá-lo como um Woody Allen Junior em busca de libertação. E o que é libertação? Fala o veterano: "Quando alguém lhe der um conselho, você diga que é uma excelente ideia, mas depois faça apenas o que quiser". Tem lógica. Quem é que pode adivinhar o que se passa dentro de nós? Não compensa preservar relações por causa de culpa, ficar imobilizado, temer consequências. Vá lá e faça o que tem que ser feito. Sozinho. Porque é sozinho que estamos todos, afinal.

Ou seja, nada que Woody Allen já não venha há anos discutindo em sua obra, mas agora tudo me pareceu mais leve e menos intelectualizado, até o restaurante que Allen costuma usar como locação mudou, sai o abafado *Elaine's*, entra o arejado *Isabella's*.

É claro que os filmes da fase neura eram mais ricos, é claro que uma vida de questionamentos tem mais consistência do que uma vida resignada, e é claro que o *Elaine's* tem alma e o *Isabella's* não. Mas a passagem dos anos e a proximidade da morte reduz bastante este orgulho que temos em ser profundos e diferenciados.

Todas as criaturas do mundo estão no mesmo barco procurando amor, sexo, reconhecimento, segurança, justiça e liberdade. Algumas coisas iremos conquistar e outras não, e pouco adianta deitar falação porque seremos para sempre assim: sonhadores, atrapalhados e contraditórios. Jamais teremos controle sobre os acontecimentos. A sutil diferença é que, se em seus filmes anteriores Woody Allen parecia dizer "não há cura", agora ele parece dizer "não há doença". Eis a compreensão da natureza humana, acrescentada por uma visão bem-humorada e madura do que nos foi tocado viver. Leva-se tempo para aprender a não dramatizar demais as situações. Dar-se alta é reconhecer, com alívio, que o que parecia doença era apenas uma ansiedade natural diante do desconhecido. Só quando aceitamos que o desconhecido permanecerá para sempre desconhecido é que a gente relaxa.

# INTERROMPENDO AS BUSCAS

*Closer: perto demais*, dir. Mike Nichols, 2004

Assistindo ao ótimo *Closer: perto demais*, me veio à lembrança um poema chamado *Salvação*, de Nei Duclós, que tem um verso bonito que diz: "nenhuma pessoa é lugar de repouso". Volta e meia este verso me persegue, e ele caiu como uma luva para a história que eu acompanhava dentro do cinema, em que quatro pessoas relacionam-se entre si e nunca se dão por satisfeitas, seguindo sempre em busca de algo que não sabem exatamente o que é. Não há interação com outros personagens ou com as questões banais da vida. É uma egotrip que não permite avanço, que não encontra uma saída – o que é irônico, pois o maior medo dos quatro é justamente a paralisia, precisam estar sempre em movimento. Eles certamente assinariam embaixo: nenhuma pessoa é lugar de repouso.

Apesar dos diálogos divertidos, é um filme triste. Seco. Uma mirada microscópica sobre o que o terceiro milênio tem a nos oferecer: um amplo leque de opções sexuais e descompromisso total com a eternidade. Nada foi feito pra durar. Quem não estiver feliz, é só fazer a mala, sair e bater a porta. Relações mais honestas, mais práticas e mais excitantes. Deveria parecer o paraíso, mas o fato é que saímos do cinema com um gosto amargo na boca.

Com o tempo, nos tornamos pessoas maduras, aprendemos a lidar com as nossas perdas e já não temos tantas ilusões. Sabemos que não iremos encontrar uma pessoa que, sozinha, conseguirá corresponder 100% a todas as nossas expectativas – sexuais, afetivas e intelectuais. Os que não se conformam com isso adotam o rodízio e aproveitam a vida. Que bom, maravilha, então deveriam sofrer menos, não? O problema é que ninguém é tão maduro a ponto de abrir mão do que lhe restou de inocência. Ainda dói trocar o romantismo pelo ceticismo, ainda guardamos resquícios dos contos de fada. Mesmo a vida lá fora flertando descaradamente conosco, nos seduzindo com propostas tipo "leve dois, pague um", também nos parece tentadora a ideia de contrariar o verso de Duclós e encontrar alguém que acalme nossa histeria e nos faça interromper as buscas.

Não há nada de errado em curtir a mansidão de um relacionamento que já não é apaixonante, mas que oferece em troca a benção da intimidade e do silêncio compartilhado, sem ninguém mais precisar se preocupar em mentir ou dizer a verdade. Quando se está há muitos anos com a mesma pessoa, há grande chance de ela conhecer bem você, já não é preciso ficar explicando a todo instante suas contradições, motivos, desejos. Economiza-se muito em palavras, os gestos falam por si. Quer coisa melhor do que poder ficar quieto ao lado de alguém, sem que nenhum dos dois se atrapalhe com isso?

Longas relações conseguem atravessar a fronteira do estranhamento, um vira pátria do outro. Amizade com sexo também é um jeito legítimo de se relacionar, mesmo não sendo bem encarado pelos caçadores de emoções. Não é pela ansiedade que se mede a grandeza de um sentimento. Sentar, ambos, de frente pra lua, havendo lua, ou de frente pra chuva, havendo chuva, e juntos fazerem um brinde com as taças, contenham elas vinho ou café, a isso chama--se trégua. Uma relação calma entre duas pessoas que, sem se preocuparem em ser modernos ou eternos, fizeram um do outro seu lugar de repouso. Preguiça de voltar à ativa? Muitas vezes, é. Mas também, vá saber, pode ser amor.

## Diálogo comigo mesma

*Mar adentro*, dir. Alejandro Amenábar, 2004

— Muito bem, garota, agora que você assistiu a *Mar adentro*, segue sendo favorável à eutanásia?
– Antes de mais nada, obrigada pelo "garota". Olha, quando a Holanda aprovou o projeto de lei que autorizava o suicídio assistido de enfermos que sofriam dores insuportáveis e cuja doença era irreversível, fui a favor. E mantenho minha opinião. Eutanásia não é assassinato, e sim uma maneira de proteger a vida, só que sob outro ponto de vista.
– Certamente não o ponto de vista da Igreja.
– Não. Sob o ponto de vista de quem está lá, deitado numa cama, sofrendo, desejando descanso e alívio. A Igreja não é uma pessoa, é uma instituição. Ela não tem como saber o que sente alguém que não consegue assoar o próprio nariz, pra dizer o mínimo.
– Não acredito que você defenda o direito de alguém decidir pelo fim da própria vida. No caso do personagem do filme, você viu: era um homem lúcido, carismático, com

um humor refinado, capaz de encantar todos a sua volta, de dar e receber amor. Um homem necessário!
– Não era mais necessário para si mesmo. Foram 28 anos deitado numa cama sem mover um dedo, um braço, uma perna. Dependendo dos outros para se banhar, se alimentar, fazer a barba, dar uma tragada num cigarro. Não estamos falando de 28 dias, estamos falando de 28 ANOS. Quase três décadas sem movimento. A pessoa não tem o direito de dar um basta nisso?
– Não, não tem. Ele tinha parentes e amigos que cuidavam bem dele e o enchiam de afeto. Você não pode obrigar pessoas que amam você a enterrá-lo vivo, a testemunhar sua partida rumo a uma morte escolhida. O que você acha que sente um pai nessa hora?
– O difícil é a gente se colocar no lugar de quem agoniza. É preciso entender que a morte, em casos muito específicos, pode ser a única via de libertação. Eu lutaria até o fim para impedir que alguém saudável tentasse o suicídio, por mais deprimido que estivesse, porque sei que a vida não é estática, nossos humores mudam, as dores psicológicas passam ou se transformam, mas para ele não existia essa possibilidade de mudança: ele sabia que seus próximos vinte anos seriam rigorosamente iguais aos últimos vinte, um convívio martirizante com a autocomiseração e o tédio. Uma cabeça viva presa a um corpo morto. A gente não tem ideia do que seja viver assim. Alguns se conformam, se adaptam e conseguem até ser felizes. Mas o cara do filme

não queria ser um super-herói, não tinha mais vontade de viver daquela forma indigna.

– Que indignidade? Uma cabeça viva é capaz de tudo. De criar, de se apaixonar, de fazer o bem. Indigno é a desistência.

– Mas você vai concordar: doentes terminais sem chance de sobreviver e que sofrem dores físicas terríveis merecem nossa compaixão, no caso de quererem morrer.

– Ninguém quer morrer.

– A não ser que já se sintam mortos.

– Não era o caso.

– Que petulância a nossa julgar se era ou não o caso.

– Assuntinho que nos divide, hein?

– Nem me fale, garota.

# Luz, câmera e outro tipo de ação

*Antes do pôr do sol*, dir. Richard Linklater, 2004

Existem filmes de ação com tiroteios, velocidade, cenas multipicotadas, sustos, finais bombásticos, superproduções. De vez em quando, muito de vez em quando, até gosto. Mas os filmes de ação que estão entre meus preferidos são aqueles que, aparentemente, não têm ação nenhuma. Os filmes do Woody Allen, por exemplo. Nada de cenários idílicos, megaorçamentos ou femmes fatales. Os personagens são pessoas frágeis, ternas, neuróticas e românticas, como muitos seres humanos que cruzam conosco nas ruas. Todos comem e bebem o mesmo que nós e moram em apartamentos de verdade, quase dá para sentir a calefação e o cheiro do café vindo da cozinha. Os sentimentos da plateia não são manipulados: não há a hora do medo, a hora do suspense, a hora do alívio. Seus filmes deslizam sem chegar a clímax algum – e, ainda assim, tanta coisa acontece.

Foi mais ou menos isso que senti vendo *Antes do pôr do sol*, de Richard Linklater, filme que dá continuidade ao *Antes do amanhecer* e que comento com atraso. O filme é um blá-blá-blá ininterrupto entre um casal que caminha por Paris e discute a vida e a relação. Filme cabeça ou filme chato, rotule você. Mas não diga que não é um filme de ação. Medo, suspense, aflição, expectativa: diálogos também provocam tudo isso. Como não se sentir especialmente tocado por uma jovem mulher que admite ter perdido a ilusão do amor e que passou a viver blindada, refratária a qualquer nova relação? Como não se sentir mexido quando um homem admite que casou porque todos casam, que passa 24 horas por dia infeliz e que a única coisa que justifica sua vida é o filho de quatro anos? Como não se emocionar ao ver duas frágeis criaturas, um homem e uma mulher predestinados um ao outro, enfrentando a crueza da distância física e do tempo, e a irrealização de seus sonhos? Não se costuma catalogar estas pequenas crises existenciais como filmes de ação, mas elas me prendem na cadeira como nem uma dezena de *Matrix* conseguiria.

 Luz, câmera, ação: e então se filma o silêncio entre um homem e uma mulher que não se veem há nove anos, e então se filma todas as dúvidas sobre se devem se tocar ou não, se beijar ou não. Então se filma o papo inicial, cauteloso, até que chega a hora da explosão, dos desabafos, das acusações e do quase choro. Então se filma o que poderia ter havido entre os dois – especulações – e o que será daqui por diante – especulações também.

 E se o que faz o amor sobreviver for justamente a falta de convivência e rotina? Quem apostaria num amor apenas idealizado? E se a nossa intuição for mesmo a melhor conselheira e não merece ser desprezada? E se nossas lembranças nos traírem? E se casamento nenhum for mais importante do que um único encontro? O cinema pode colocar pessoas desafiando a gravidade, cortando o pescoço uns dos outros, fazendo o tempo andar pra trás, e eu não me emocionarei nem ficarei perplexa, mas me dê um pouco de realidade e isso me arrebata.

# INTIMIDADE

*Encontros e desencontros*, dir. Sofia Coppola, 2003

Se alguém perguntar o que pode haver de mais íntimo entre duas pessoas, naturalmente que a resposta não será sexo, a não ser que não se entenda nada de intimidade, ou de sexo.

 Pré-adolescentes, ainda cheirando a danoninho, beijam três, sete, nove numa única festa e voltam pra casa tão solitários quanto saíram. Dois estranhos transam depois de uma noitada num bar – não raro no próprio bar – e despedem-se mal lembrando o nome um do outro. Quanto mais rápidos no ataque, quanto mais vorazes em ocupar mãos, bocas, corpos, menos espaço haverá para a intimidade, que é coisa bem diferente.

 O filme *Encontros e desencontros* me fez lembrar uma expressão antiga que a gente usava quando queria dizer que duas pessoas haviam feito sexo: "dormiram juntos". Era isso que determinava que a relação era íntima. O que o casal havia feito antes de pegar no sono ou ao acordar não era da nossa conta, ainda que a gente desconfiasse que ninguém havia pregado o olho. Se Fulano havia dormido com Sicrana, bom, era sinal de que havia algo entre eles. Hoje a gente diz que Fulano comeu Sicrana e isso não quer dizer absolutamente nada.

*Encontros e desencontros* mostra a perplexidade de dois americanos no Japão – e a vivência profunda de sentir-se um estrangeiro, inclusive para si mesmo. Bill Murray e Scarlett Johansson casualmente se hospedam no mesmo hotel, ambos tendo em comum a insônia e o estranhamento: estão perdidos no fuso horário, na cultura, no idioma. Conhecem--se no bar e apoiam suas solidões um no outro. Chega a ser previsível que a cena mais caliente do filme não seja a de um beijo e suas derivações, e sim a cena em que os protagonistas estão deitados na mesma cama, ambos vestidos, conversando sobre a vida, quando o cansaço os captura. Ninguém apaga a luz, ninguém tira a roupa, ninguém seduz ninguém, eles apenas entram juntos no estado inconsciente do sono, que costuma ser o momento em que ficamos mais vulneráveis e desprotegidos. Pra não dizer que faltou um toque, ele pousa a mão no pé dela antes de dormir. Poucas vezes o cinema mostrou cena tão íntima.

Enquanto isso, casais unem-se e desunem-se numa ansiedade tal que parece que vão todos morrer amanhã. Não há paciência para uma troca de olhares, para a descoberta de afinidades, e muito menos para deixar a confiança ganhar terreno. O que há é pressa. Uma necessidade urgente de quebrar recordes sexuais, de aproveitar a vida através de paixões quase obrigatórias, forjadas, que não são exatamente encontros, mas desencontros brutais. Meio mundo está perdido em Tóquio.

# Aula de cinema

*A pele que habito*, dir. Pedro Almodóvar, 2011

Covardia não é palavra que me defina, mas se pressinto violência, desapareço pela porta. De certa forma, isso explica por que, desde os primeiros comentários que li sobre o novo filme de Almodóvar, resolvi que não iria assistir, mesmo sendo sua fã. Bizarro, grotesco, chocante, era o que eu ouvia a respeito de *A pele que habito*. Tudo indicava que não seria de fácil digestão. Pensei: nesse fim de ano, investirei em levezas, e não no que pode me atingir feito chumbo. Não vou. Verei mais adiante, se calhar.

Até que minha filha, no dia em que passou no vestibular para Cinema, me convidou para assistir a nova obra do espanhol com ela. Poderia estar comemorando com os amigos em algum bar, mas quis saudar a nova etapa do seu jeito – e me senti honrada em ser sua convidada exclusiva.

Pois bem. *A pele que habito* é bizarro, grotesco, chocante e muito mais. E é este muito mais que o torna imprescindível para acordarmos do marasmo, seja no fim do ano, no início ou no meio. A vida intelectual nos tem sido servida em bandeja de prata, parece proibido causar desconforto. A arte continua sendo vital, mas não tem sido virulenta. Não nos desacomoda da cadeira, não perturba, não assombra, não nos faz perguntar qual terá sido o truque. Os truques estão vindos todos explicados no rodapé.

Já Almodóvar perturba, assombra, provoca e fascina, sem nos dar um minuto para respirar. E essa quantidade de reações é que torna *A pele que habito* uma lição de cinema para todos, não só para bixos da faculdade. Está tudo ali, grandioso como a tela exige: o roteiro inventivo e insano, a direção magistral, a fotografia espetacular. O superlativo assumido, ainda que a estética kitsch que o caracterizou em outras obras esteja cada vez mais refinada – mas nunca refinada a ponto de se tornar palatável. O indigesto que Almodóvar oferece é uma iguaria da qual nós, famintos por nonsense, famintos por entranhas, precisamos para nos alimentar – também.

Podem parecer disparatadas essas minhas argumentações, mas ficou evidente, ao sair do cinema, o quanto é necessário, vez que outra, abandonarmos nossa paz para enfrentarmos o absurdo, para desmascarar tudo que existe de secreto e indizível que nos revolve por dentro, e dentro se mantém encarcerado. A arte serve para isso – dar voz ao incômodo. Há quem faça filmes de terror de maneira crua e explícita, sem utilizar todos os recursos que o bom cinema oferece. Não é o caso de Almodóvar, que sempre faz uma empolgada declaração de amor ao seu ofício, ao mesmo tempo que dá um tremendo crédito ao seu espectador: o cineasta realmente acredita na ausência de covardes na plateia.

# JANELA DA ALMA

*Janela da alma*, dir. João Jardim e Walter Carvalho, 2001

Dos cinco sentidos, a visão, para mim, sempre foi soberana. Eu poderia perder tudo: audição, fala, tato e paladar, desde que mantivesse a função dos olhos. O problema é que, nos dias que correm, já não sabemos direito que função é essa.

Há muita oferta para nossas retinas. Por trás dos tapumes, prédios são construídos de um dia para o outro. Cartazes publicitários cobrem a cidade. Gente à beça na rua, passando umas pelas outras sem se ver. Por todo canto, lojas, shoppings, camelôs. A poluição sonora também provoca certa miopia: barulho demais embaralha a vista. Dentro de casa, dezenas de canais de televisão. Toda espécie de revista. Jornais. Sites na internet. O telefone toca e do outro lado há gente oferecendo cartões de crédito e planos de saúde. Se saio de carro sou abordada no sinal por distribuidores de folhetos imobiliários e de anúncios de churrascarias. Quando eu quero uma coisa só, sempre há um leque de opções a escolher e um monte de gente pra consultar.

Mas eu quero uma coisa só.

Quero foco. Quero restrição, como diz Wim Wenders no imperdível documentário *Janela da alma*. Se você acredita que ainda é possível enxergar uma vida diferente desta que nos empurram goela abaixo, não deixe de assistir.

O documentário mostra depoimentos de pessoas que têm algum problema de visão ou que estão totalmente cegas. É um ensaio sobre a cegueira (aliás, José Saramago está entre os depoentes), mas não só da cegueira concreta, e sim da cegueira abstrata, a cegueira da mente e dos sentimentos.

Que mundo é esse que nos oferta tanta coisa, mas não oferece nada do que precisamos realmente? Que maravilha de sociedade é essa que nos entope de porcaria na televisão, que nos dá a ilusão de termos tantos amigos, que sugere termos tanto conforto e informação, quando na verdade a quantidade é virtual e o vazio é imenso? A palavra "simplicidade" foi a primeira a desaparecer do nosso campo de visão. Saiu o simples, entrou o pobre. Pobre de espírito, pobre de humor, pobre de sensibilidade, pobre de educação. Podemos até estar enxergando direito, mas nossos pensamentos e atitudes andam desfocados.

Sinto como se estivéssemos sofrendo um sequestro relâmpago. Viramos reféns dessa doença de ter que consumir desenfreadamente, de só dizer sim para o que é comercial e está na moda. *Janela da alma* nada mais é do que uma tentativa de resgate, do nosso resgate. Se você não se emocionar, saia do cinema direto para o oftalmologista.

# Picasso e a arte dos desiguais

*Os amores de Picasso*, dir. James Ivory, 1996

Tal é a minha paixão por Pablo Picasso que não pude deixar de assistir ao filme de James Ivory, no qual o pintor andaluz é interpretado pelo não menos magnífico Anthony Hopkins. O filme é fraco, mas o personagem é grandioso. Vale o ingresso.

*Os amores de Picasso* não se detém na obra do mestre, mas na sua personalidade egocêntrica e na sua infidelidade absoluta a todos que o rodeavam, mulheres, amantes, amigos e empregados. A história é narrada por Françoise, que casou com Picasso quando este já tinha mais de sessenta anos e que com ele teve dois filhos, Claude e Paloma. Segundo consta, foi a única mulher que teve coragem de abandoná-lo. Vendo o filme, fica fácil entender por quê. Avarento, machista, mal-agradecido, petulante, excêntrico. Sim, Picasso era mais um desses homens que acham que, acima deles, só há Deus e olhe lá. No entanto, a arte ocidental deste século mal seria lembrada caso esse maluco não tivesse começado a desenhar aos dez anos de idade, desenvolvendo uma técnica excepcional e uma genialidade intuitiva que renovou todos os padrões da época e que se mantém até hoje sem concorrência. Isso perdoa suas distorções de comportamento? Isso nos põe de joelhos. Não é preciso ser mau-caráter para ser gênio, mas é preciso ser livre, e liberdade não combina com convenções. A liberdade é politicamente incorreta. A liberdade é personalista. A liberdade não se veste bem, não tem bons modos, não liga para o que os outros vão dizer. Ser absolutamente livre tem um ônus que poucos se atrevem a pagar. Picasso pagou com sua arte e deixou o mundo devendo.

Se Picasso fosse monogâmico, polido, um verdadeiro lorde, não seria Picasso. Ele jamais foi um artista burocrático, desses que trabalham das nove às cinco. Picasso reproduzia sua efervescência mental a qualquer hora e em qualquer superfície que houvesse à frente, fosse uma mesa de bar ou carecas alheias. Não era um sujeito agradável: era um homem solto, que não tinha amarras nem ninguém para prestar contas. Onde se assentam, hoje, os sem-dono, os sem-patrão?

Não existe mais boemia, amor livre, botecos. Dificilmente um candidato a Hemingway irá buscar inspiração dentro do *Planet Hollywood*. Há pouco espaço para a originalidade e para a desobediência. Estão todos de tocaia: a imprensa, a família, a sociedade. Ou trabalhamos de acordo com as regras do mercado ou estamos condenados ao ostracismo. É uma espécie de capitalismo comunista: estimula-se a livre concorrência desde que todos sejam iguais. Só os egoístas podem nos salvar da mediocridade.

Dizem que todo artista é louco. Se loucura e liberdade forem parentes, então concordo. Pintar, compor, escrever, dançar, tudo isso requer um mergulho num terreno muito perigoso, o da nossa inconsciência. Lá dentro não existem regras, leis, moral, apenas instinto. Quanto mais domesticada for a nossa irreverência natural, mais dignos e exemplares seremos, e também mais acomodados. Os bonzinhos dão ótimos maridos, mas suas canções, poemas e pinturas raramente valem a pena.

# PARA WOODY ALLEN, COM AMOR

*Para Roma, com amor*, dir. Woody Allen, 2012

Tinham me dito que seu novo filme, *Para Roma, com amor*, era meio bobinho, com piadas requentadas e que não acrescentava grande coisa à sua carreira. Querido cineasta, quem o julga com severidade o faz por amor também – admira tanto sua obra que não se contenta com menos do que um *Match Point* ou um *Meia-noite em Paris* – porém ganharíamos mais se julgássemos você pelo seu estado de espírito, que tem sido transparente e inspirador.

Espero não estar sendo presunçosa, mas percebo que, depois de muitos anos procurando entender e diagnosticar as neuroses humanas – as suas, inclusive – você deu o serviço como feito e agora está apenas se divertindo enquanto seu lobo não vem.

Não vejo maneira mais inteligente de envelhecer. Deixar de lado a obsessão por originalidade e dar seu recado com as ferramentas que domina é uma forma de se libertar, e a liberdade é um dom para poucos. Você sabe que um dos assuntos do seu novo filme – pessoas que perderam a noção do ridículo ao valorizarem a vida íntima dos "famosos" (e os "famosos" mais ainda ao se deixarem seduzir por essa falácia) – já está datado. No entanto, filmando em Roma, terra dos paparazzi, como não aproveitar a piada? Acreditar-se especial é o que nos torna patéticos. Somos todos uns pobres diabos tentando enfrentar a morte iminente com alguma ilusão tirada da cartola. Você é um homem talentoso com uma extensa folha de serviços prestados ao cinema mundial, mas o fato de se reconhecer comum o torna ainda maior. Outro dia ouvi do grande Gilberto Gil, ao completar setenta anos: "Me dou cada vez menos importância". Ah, que presente para si mesmo. Somos todos geniais cantando no chuveiro – quando passamos a acreditar seriamente que merecemos veneração, lá se vai um pouco da nossa essência.

Como diz o personagem de Alec Baldwin, maturidade talvez não seja sinônimo de sabedoria, e sim de exaustão. Quanto mais o tempo passa, mais se torna necessário simplificar a vida. O que não nos impede de estarmos abertos para algumas surpresas. Escutar mais do que falar, aprender mais do que ensinar, enxergar mais do que aparecer – não seria o ideal? Lutar contra o próprio ego não é fácil, mas é o único jeito de mantermos certa sanidade e paz de espírito.

Caro Woody, minha admiração continua gigantesca. Não só por todos os filmes brilhantes já realizados, mas também por você ter alcançado essa visão desestressada e zombeteira da vida maluca que levamos todos. Por você conseguir, a despeito de todos os elogios e prêmios recebidos, ter a dimensão exata do seu tamanho no mundo. De não trocar seus prazeres pessoais pela ânsia de ter mais visibilidade. Por filmar em diferentes cidades do planeta, extraindo delas sua beleza genuína, mas sem deixar de unificar as fraquezas e grandezas humanas, que são iguais em qualquer lugar.

O resto é gordura desnecessária. Longa vida aos que conseguem se desapegar do ego e ver a graça da coisa.

# MEDIANERAS

*Medianeras*, dir. Gustavo Taretto, 2011

*Medianeras* é o nome do novo filme argentino que está em cartaz no Brasil. Corri pra ver e descobri o significado do título: medianera, em espanhol, é aquela parte do edifício que não tem janela. É a lateral de concreto sem serventia para o morador, que o deixa sem comunicação com a cidade e que só é utilizada para a colocação de anúncios publicitários ou grafites. Pois esse paredão é o símbolo do filme, que conta a história de Mariana, uma garota que vive sozinha num pequeno apartamento de Buenos Aires, e de Martín, que vive sozinho em outro pequeno apartamento na mesma rua. São vizinhos de prédio, mas nunca se viram.

O que seria impensável num pequeno vilarejo – dois vizinhos que não se conhecem –, nas grandes cidades se tornou banal. O diretor Gustavo Taretto acredita na influência das metrópoles na vida de seus habitantes e criou uma fábula cinematográfica sobre a ambiguidade dos tempos de hoje: o que nos une é, ao mesmo tempo, o que nos separa. Estamos todos conectados, mas pouco nos comunicamos.

A fartura de redes sociais e a superpopulação urbana dão a impressão de que convivemos com nossos pares, mas o que a tecnologia e a arquitetura fazem, cada uma a seu modo, é oferecer conforto para a nossa clausura. Nunca foi tão cômodo ser um solitário.

Tudo conspira para que tenhamos uma boa vida em nossa própria companhia: o computador, os celulares e a variedade de serviços de tele-entrega, que trazem à porta comida, revistas, medicamentos, livros e até sexo. Sair de casa pra quê?

Antigamente, o ermitão era uma anomalia da sociedade, desconfiava-se dele: qual será sua tara? Hoje, pesquisas apontam para uma quantidade cada vez maior de pessoas morando sozinhas. O isolamento virou tendência. E o ermitão deixou de ameaçar: agora ele é cool.

Para fugir da resignação (a solidão pode ser prazerosa, mas é uma resignação), é preciso atravessar paredes. Mariana e Martín são dois jovens beirando os trinta anos que estão se desacostumando a se relacionar com gente de carne e osso. Têm dificuldade de conversar em primeiros encontros e só se sentem eles mesmos no refúgio de seus cafofos. É uma vida escura. É um filme escuro. Que só começa a se iluminar quando, cansados da claustrofobia física e também emocional, resolvem abrir uma janela na medianera. Um buraco clandestino naquele paredão inútil, para que permitam a entrada de um pouco de luz e possam enxergar o que acontece lá fora.

É comum os solitários justificarem sua solteirice dizendo: os homens são todos iguais, as mulheres são todas malucas, não há ninguém interessante. De fato, encontrar alguém que seja o nosso número é mesmo uma espécie de "Onde está Wally?". Mas com um pouco de romantismo, muita sorte e fazendo a sua parte – quebrando a parede e inventando uma janela – o happy end pode ser avistado lá embaixo, caminhando pela calçada.

# Vampirismo

*Cidadão ilustre*, dir. Gastón Duprat e Mariano Cohn, 2016

Outro dia uma pessoa me perguntou: você vampiriza as pessoas que conhece para escrever seus textos?

Vampirizar é um verbo ao mesmo tempo charmoso, por evocar algo cinematográfico, e nefasto, pelo seu potencial de destruição. Não me soou bem, parecia que eu era personagem de um filme noir, uma maquiavélica vestida de preto, sedutora, disposta a arrancar o sangue dos meus interlocutores e devolvê-los à rua feito zumbis, ocos por dentro.

Disse a ela: tudo que escuto aqui ou ali pode me servir de inspiração, a vida é minha matéria-prima, e não vivo isolada, minhas emoções são provocadas por gente com quem me relaciono e elas acabam incluídas no meu repertório criativo, mas...

Ah, o mas. Mas não exponho ninguém de forma maldosa, narro as situações com acréscimos fictícios, não entrego nomes nem detalhes identificáveis – respeito a discrição alheia, e a minha, inclusive.

A não ser que seja um elogio público, aí quem não gosta de ser citado?

Lembro uma entrevista de uma importante compositora e cantora. O entrevistador perguntou se ela já havia transado com alguém só para extrair da transa uma música. Ela respondeu que não, mas que era inevitável que as coisas se misturassem, e contou que certa vez estava saindo com um cafajeste e ligou para uma amiga dizendo: "Ele foi embora! Ele me deixou!". A amiga interrompeu e perguntou: "Quantas canções?". A cantora respondeu: "Não fale assim, ele me deixou, isso é horrível!". A amiga insistiu: "Quantas canções?". A cantora respondeu: "Três". A amiga: "Ótimo, nós amamos esse cara".

É isso. Para o bem e para o mal, tudo o que o artista sente é processado e traduzido de alguma forma para as obras que cria. Sorte da plateia.

Nós amamos todas as garotas que fizeram os Beatles comporem "I want to hold your hand" e "Oh, Darling". Todos os homens que piraram Tina Turner e Janis Joplin. Todos os amigos que traíram Eric Clapton, todas as amantes de Mick Jagger, todos os sanguessugas com quem Billie Holiday e Amy Winehouse se meteram, todos os desalmados que fizeram Cazuza e Renato Russo atravessarem madrugadas curtindo uma fossa e rabiscando versos em guardanapos. Sem falar nos quadros, filmes e livros que nasceram de desavenças familiares, vinganças entre guetos, distúrbios emocionais inspirados por mães e pais indiferentes.

É recorrente questionar um escritor sobre o que há de biográfico e o que há de invenção naquilo que escreve. A resposta perfeita para a questão é: importa? (aliás, esta é uma cena do ótimo filme argentino *Cidadão ilustre*, que também aborda o assunto). Dê uma olhada no sujeito blasé que aparece na foto das orelhas dos livros, geralmente com a clássica mão apoiando o rosto. Importa se a ruiva bipolar que aparece na página 78 foi uma amante que ele não tira da cabeça?

Não há autor que não se abasteça da própria experiência e não exorcize sua dor através da sua arte. Se isso é vampirismo, só nos resta erguer um altar para quem entrou com o pescoço.

# A GRANDE BELEZA

*A grande beleza*, dir. Paolo Sorrentino, 2013

Em sua forma, o elogiadíssimo *A grande beleza* não faz o meu gênero de filme, mas é inegável que, com brilhantismo, coloca o dedo na ferida aberta da sociedade ocidental: a nossa decadência travestida de modernidade. Está tudo ali: exibicionismos, hipocrisia, vazio existencial, solidão epidêmica. Nada escapa ao olhar de Jep Gambardella, personagem que está envolvido até o pescoço com a superficialidade dos valores atuais, mas que julga não ter perdido a sensibilidade de todo – ele ainda consegue se emocionar através da arte e da memória. Quanto ao futuro, é um otimista: sempre existe a possibilidade de sermos melhores um dia.

Em uma Roma apresentada quase como se fosse uma ilusão de ótica – afinal, "é tudo um truque" – o personagem chega aos 65 anos desprezando esse e outros ilusionismos, mas não perde o charme de dândi. Sem tirar o sorriso cínico do rosto, ele desmascara uma amiga pretensamente intelectual (mas que não passa de uma dondoca), dorme com uma mulher ruim de cama (mas boa em postar fotos nuas no Face), ajuda uma outra a comprar um vestido adequado para um velório (já que não passa de um evento social), conhece uma freira meio gagá de 104 anos que é tratada como uma celebridade, assiste a aplicações de botox feitas por uma espécie de curandeiro do novo milênio e vê questões relacionadas à espiritualidade perderem o ibope para receitas gastronômicas. Ele, autor de um único livro que foi um estrondoso sucesso quarenta anos antes, tem vontade de continuar escrevendo, mas sobre o que? Para quem? Hoje vive de fazer entrevistas. A nova ficção, a literatura do ego.

Gambardella caminha, caminha, caminha. Circula pelo filme e pela vida. Onde estaria a grande beleza? Talvez na desilusão do primeiro e idealizado amor, que inaugura os desapontamentos que vêm depois. A certa altura, um amigo de Jef apresenta a nova esposa, uma mulher sem atrativos, e comenta que naquela noite eles irão jantar em casa, assistir tevê juntos e depois dormir – e isso soa a Jef como uma façanha erótica e íntima destinada a poucos eleitos.

É preciso ter a chave para acessar a grande beleza guardada nos fundos das casas, por trás das paredes, nas frestas das janelas, nos silêncios das pessoas, nas perguntas sem respostas, no espanto de viver, na arte que emociona, no pequeno museu de afetividades de cada um. Tudo o que está aparente e acessível não passa de um grande cenário, uma grande produção, um grande elenco, uma grande trilha sonora – não descrevo apenas o filme em si, mas a vida que o filme conta, a nossa, hoje.

    É uma extravagante obra cinematográfica à procura das grandezas diminutas onde o belo também se esconde.

# Sobre café e cigarros

*Sobre café e cigarros*, dir. Jim Jarmusch, 2003

Estive no Rio por quatro dias, mas pareceram quarenta, tanta coisa eu vi e tanta gente encontrei. Fui para assistir à peça *Divã*, mas tirei um tempo para o cinema também. Queria muito ver *Antes do pôr do sol*, que não sei por que cargas d'água ainda não estreou em Porto Alegre, mas já não estava mais em cartaz por lá. Então escolhi outros dois filmes: o italiano *Não se mova*, com Penélope Cruz mostrando a que veio (convence no papel de uma mulher feia e miserável) e o mais recente filme de Jim Jarmusch, *Sobre café e cigarros*.

Acompanho os filmes de Jarmusch desde *Strangers than Paradise*, que encantou milhares de cinéfilos mundo afora. Na sequência vieram *Down By Law*, *Night on Earth* e outros, e agora este cineasta americano que completará 52 anos na semana que vem apresenta mais um candidato a cult movie. *Sobre café e cigarros* são onze minicontos filmados todos em preto e branco, minimalistas na forma, e com um elenco que reúne estrelas como Roberto Benigni,

Cate Blanchett, Alfred Molina, Bill Murray, Iggy Pop e Tom Waits, todos no papel deles mesmos.

Os onze episódios mostram sempre duas pessoas num bar tomando café e fumando. Há sempre um jukebox tocando alguma música, e longos silêncios. Os diálogos são absolutamente realistas e, por isso mesmo, tratam de coisas sem importância. São conversas jogadas fora sem desfechos espetaculares – aliás, sem desfecho algum – nem revelações bombásticas. Tudo filmado poeticamente. Uma poesia sobre o nada.

Parece aborrecido? É bem verdade que num dos episódios eu quase me rendi a uma breve soneca, mas o filme é muito interessante. Não genial como algumas obras anteriores de Jim Jarmusch, mas necessário neste mundo barulhento, urgente e veloz. É um filme sobre a necessidade de pausa. Coffee breaks.

Onze histórias curtinhas sobre o que não acontece, sobre o que não muda a vida de ninguém, sobre o que não comove, sobre o que não é relevante, mas que também existe. Nossos papos furados, nosso cansaço, nosso desprezo, nossa necessidade de matar o tempo. Pra isso, nada como café e cigarros, esta dupla imbatível que faz mal pra saúde, mas que não deixa ninguém falando sozinho, mesmo quando parece que está.

# EMBRIAGADO PELA VIDA

*BR 716*, dir. Domingos de Oliveira, 2016

Não é a primeira vez que escrevo sobre o cineasta Domingos de Oliveira e o efeito que ele provoca em mim. Não consigo distingui-lo do seu trabalho, é como se homem e obra fossem uma coisa só. Seus filmes são extensões do seu corpo, ele fica de mãos dadas com cada um da plateia. Domingos é uma declaração de amor ambulante.

Um hedonista, um libertário, um filósofo, um ser pulsante que alterna erros e acertos sem o menor constrangimento porque sabe que a vida é assim mesmo, e tentar enquadrá-la como algo plano e sensato seria uma hipocrisia.

Fui assistir ao seu premiado *BR 716* e saí do cinema com minha admiração confirmada. Domingos já está em seus oitenta, mas sua alma não tem idade, não acusa o passar do tempo, ele ainda é aquele morador de Copacabana que vivia embriagado de álcool e de enlevo pelas belas garotas que circulavam pelo seu apartamento – BR não é a sigla de uma rodovia, e sim as iniciais da rua Barata Ribeiro, onde ele morou no início dos anos 60, pré-golpe militar, dando uma festa atrás da outra enquanto tentava escrever um livro.

Caio Blat, que interpreta o alter ego de Domingos, está perfeito em sua caracterização. No início, o seu jeito de falar soa estranho, mas logo a gente acostuma. Sophie Charlotte humilha: nunca esteve tão linda, sexy e cativante. Sergio Guizé, no papel de um ativista político regado a algumas doses extras, faz rápidas e definitivas aparições – carisma puro. A fotografia em preto e branco é colossal, mas funciona também quando é apenas simples. Os ângulos passam de óbvios a surpreendentes numa piscadela. É tudo dessa forma irregular, incongruente e absolutamente natural. Domingos é Nouvelle Vague e Cinema Novo, é profundo e é comédia, foco e desfocagem intercalando-se.

Como não se deixar seduzir? Seus filmes não parecem filmes, parecem uma pessoa, com caráter e defeitos. Não há sexo explícito, e sim paixão explícita, verdade explícita: Domingos mostra mulheres e homens contraditórios, malucos, românticos, confusos. As falhas não são deletadas, e sim assumidas. Vale tudo, porque o tudo é desse jeito mesmo, múltiplo. Somos amorosos e cafonas, inteligentes e ciumentos, sérios e divertidos. Não existe a supremacia de um aspecto sobre outro, o meu ponto de vista versus o seu. Viver é um projeto coletivo, aberto ao transitório, em que só o que importa é o movimento dos nossos desejos.

Parece um elogio ao filme, mas é um elogio ao ser humano, ao Domingos e a nós todos, no que restou da nossa saudável embriaguez dos sentidos.

# Atemporal

*Acima das nuvens*, dir. Olivier Assayas, 2014

Acima das nuvens foi o primeiro filme a que assisti em 2015, com a sempre ótima Juliette Binoche e a enjoadinha da Kristen Stewart, que reverteu minha má vontade com ela: está muito bem como a secretária pessoal da diva interpretada por Binoche. A história aqui resumida: uma atriz na faixa dos quarenta/cinquenta anos é convidada a atuar no remake de uma peça que ela havia feito vinte anos antes, só que agora ela ficará com o papel da mulher mais velha do elenco e terá que contracenar com uma jovem atriz em ascensão que fará o papel que foi dela no passado. Este é o conflito da personagem de Juliette Binoche. Ela é uma atriz que voltará a atuar na peça que a consagrou e onde há uma forte tensão sexual entre duas mulheres: uma jovem audaciosa e irreverente que manipula uma mulher madura. Pois agora a atriz que deslumbrou o mundo vinte anos antes, interpretando a jovem, foi escalada para fazer a madura. Naturalmente, há uma relutância em se render a esse novo papel, pois lhe parece a confirmação de sua decadência. Mas não há decadência nenhuma, apenas medo de enfrentar as mudanças que a passagem do tempo provoca. É um filme de pouca ação, porém de muitas nuances.

O ritmo do filme é tranquilo, só ganha certa agitação com a entrada em cena da jovem atriz que dividirá o palco com a atriz consagrada, quando fica claro que já não se fazem mais divas como antigamente. As duas jantam num restaurante com o diretor da peça, e este só dá atenção para a garota que é perseguida por paparazzi, que está envolvida numa relação de amor clandestina, que vive cercada por seguranças. É a parte atraente do seu currículo: o alvoroço que provoca em volta. Enquanto isso, a atriz veterana descobre que se tornou invisível.

Será mesmo que estamos todos condenados a um final melancólico? É inegável que temos que abrir passagem aos que vêm atrás. Eles chegam com um frescor que já não temos, com um código de comunicação que não dominamos, com uma urgência que para nós não faz mais sentido. Tornamo-nos seletivos e serenos com o passar dos anos, mas ainda há estrada pela frente e temos que dividi-la com aqueles que têm menos bagagem e que correm mais ligeiro. Inevitavelmente, seremos ultrapassados por eles, mas não há razão para interrompermos nossa viagem e nos exilarmos em nossas memórias.

Há uma forma de resistir ileso às diversas etapas da vida: não nos restringindo a nenhuma delas. Não nos catalogando como jovem ou como velho. Sendo atemporal.

O atemporal não reproduz comportamentos padrão. Não coleciona slogans nem certezas. Não vira as costas para o novo nem para o antigo. Não é assombrado por datas e idades: ele plana pela vida sem referências limitadoras, portanto, nunca é inadequado. Sempre haverá um papel para ele.

# Minimalismo

*Minimalism*, dir. Matt D'Avella, 2015

Tenho uma amiga que mora na Europa há anos. Vive com a filha num apartamento de frente para um parque, tem um carro, um emprego e um namorado. Em tese, ela não tem do que se queixar, mas conversávamos outro dia sobre o que significa estar "tudo bem". Para ela, "tudo bem" é experimentar novas formas de existir. A gente assina um contrato de locação de um imóvel, se acostuma com a mercearia da esquina e quando vê está enraizado num estilo de vida que se repete dia após dia, sem testar nosso espanto, nossa coragem, nossa adaptação ao novo. Humm. O que você está inventando?, perguntei a ela.

– Vou morar num barco.

Ainda bem que eu estava sentada. Pensei: "Essa garota é maluca". E logo: "Que inveja".

Tenho zero vontade de morar num barco. Minha inveja foi do desapego e da facilidade com que ela escreve capítulos surpreendentes da sua biografia. "Tenho coisas demais, Martha. Livros demais, roupas demais, móveis demais. Está na hora de viver com menos para poder redefinir o significado de espaço, tempo, silêncio." O gatilho da nossa conversa foi o documentário *Minimalism*, que escancara a estupidez do consumo compulsivo, como se ele pudesse preencher nosso vazio. Vazio se preenche com arte, amor, amigos e uma cabeça boa. Consumir feito loucos só produz dívidas e ansiedade.

Temos perdido tempo, nas redes sociais, criticando o bandido dos outros e defendendo o nosso, sem refletir que o caos político e social tem a mesma fonte: nossa relação doentia com o dinheiro. A ideia de "poder" deveria estar associada à gestão do ócio, às relações afetivas, ao contato com a natureza e à eficiência em manter um cotidiano íntegro, produtivo e confortável (nada contra o conforto), no entanto, "poder" hoje é sinônimo de hierarquia, acúmulo de bens, ostentação e lucratividade non-stop. É por isso que, para tantas pessoas, é natural incorporar benefícios imorais ao salário, ganhar agrados de empreiteiras e fazer alianças com pessoas sem afinidades, mas que um dia poderão vir a ser úteis.

A sociedade não se dá conta do grau de frustração que ela mesma produz e continua cedendo a impulsos. Uma vez, eu estava na National Portrait Gallery, em Londres, quando, na saída, passei pela loja do museu e percebi, ao lado do caixa, um aquário de vidro cheio de latinhas de metal à venda, pouco maiores que uma moeda. Era manteiga de cacau no sabor "chocolate & mint". Sem hesitar, comprei uma latinha e trouxe-a comigo para o Brasil: hoje ela reside na bancada do banheiro, intocada, para me lembrar de como se pode ser idiota – eu estava dentro de um dos maiores museus do mundo e mesmo assim fiquei tentada a comprar a primeira besteira que vi. O exemplo é bobo, mas ilustrativo de como certos gritos ecoam dentro de nós 24 horas: Compre! Leve! Aproveite! Você nunca mais será a mesma depois de usar a triunfante manteiga de cacau da National Gallery!

O único excesso de que preciso é consciência para não me deixar abduzir por essa forma equivocada de dar sentido à vida.

# Imitação de vida

*Nas profundezas do mar sem fim,*
dir. Ulu Grosbard, 1999

Fui ao cinema ver Michelle Pfeiffer em *Nas profundezas do mar sem fim*, que conta a história de uma mãe que perde um de seus filhos, de três anos, num saguão de hotel e só volta a reencontrá-lo nove anos mais tarde. O roteiro preguiçoso resultou num filme raso, mas uma frase dita pelo personagem de Whoopi Goldberg me trouxe até aqui.

Depois de todos os abalos familiares decorrentes do desaparecimento do filho do meio, a mãe vivida por Michelle Pfeiffer se refaz e constrói, aos poucos, o que a detetive vivida por Whoopi chama de "uma boa imitação de vida".

Pessoas que passam por uma grande tragédia pessoal têm vontade de dormir para sempre. Nos dias posteriores ao fato, não encontram forças para erguer uma xícara de café ou pentear o cabelo, e sorrir passa a ser um ato transgressor, que gera uma culpa imensa, pois é como se estivéssemos nos curando do sofrimento. Passada a fase de hibernação voluntária, porém, é isso que tem que acontecer: curar-se. Voltar a viver. Mas como, se já não existe a alegria original? Rastreando a alegria perdida para tentar imitá-la.

Respeito quem consegue reproduzir uma vida normal mesmo trazendo dentro de si uma dor permanente, e respeito ainda mais quem consegue transformar essa dor em ações solidárias, como a que resultou no projeto Vida Urgente, idealizado por um casal que perdeu um filho num acidente de automóvel e que hoje se dedica a evitar que outras famílias passem pelo mesmo drama. Isso deixa de ser uma imitação de vida, isso é um renascimento espontâneo e glorioso.

A vida como ela é, ou deve ser, inclui festas de Natal, férias na praia, bate-papos informais com amigos, comemorações de aniversário, sorrisos para fotos. Coisas triviais que são fáceis e prazerosas para quem tem o coração leve, mas que podem ser penosas para quem possui recordações que não se quer, nem se pode, abandonar. Para essas pessoas, fatiar um peru, fazer um brinde, falar banalidades, até mesmo um banho de mar, tudo tem que ser reaprendido, tudo tem que voltar a ser um ato inocente. Imitar essa inocência não é um processo fácil e tampouco natural, mas é uma sobrevivência legítima. Mais ainda: é um ato de generosidade, pois revela a consciência de se continuar a pertencer a uma sociedade e de exercer um papel importante na vida de quem nos rodeia.

O filme explorou medianamente esse aspecto, acabou se rendendo a soluções fáceis e inverossímeis, em busca de um final que rendesse boa bilheteria. Não permitiu que a imitação fosse adiante, quis que a felicidade voltasse a ser original. Que bom ter um roteirista à mão para facilitar as coisas. Não havendo, o jeito é plagiar a própria vida, que sempre é melhor do que entregar os pontos.

# SISTERS

*Caramelo*, dir. Nadine Labaki, 2007

Sempre que chega o Dia Internacional da Mulher, procuro fugir do discurso de vitimização que a data evoca. Não que estejamos com a vida ganha, mas creio que as mulheres já mostraram a que vieram, e as dificuldades pelas quais passamos não são privilégio nosso: injustiça e violência são para todos. Temos, ainda, o grande desafio de conciliar as atividades domésticas com a realização profissional, e precisamos, naturalmente, da parceria do Estado e da parceria dos parceiros: ser feliz é um trabalho de equipe. Mas não vou utilizar o 8 de Março para colocar mais água no chororô habitual. Prefiro aproveitar a data, esse ano, para fazer um brinde à nossa importância não para a sociedade e nem para a família, mas umas para as outras.

Assistindo ao delicado filme *Caramelo*, produção franco-libanesa do ano passado, tive a sensação boa de confirmar que o tempo passa, os filhos crescem, os corações se partem, mas as amigas ficam. Como todos os filmes que abordam a amizade e a solidão intrínseca de toda mulher,

*Caramelo* nos consola valorizando o que temos de melhor: a nossa paixão, a nossa bravura ("sou mais macho que muito homem") e o bom humor permanente, mesmo diante de tristezas profundas.

No filme, elas são cinco: a amante de um homem casado, a que tem pavor de envelhecer e por conta disso se submete a situações humilhantes, a garota muçulmana que está de casamento marcado e precisa esconder do noivo que não é mais virgem, a enrustida que se sente atraída por outras mulheres e a senhora que desistiu de investir no amor para cuidar da irmã mais velha, que é mentalmente perturbada. Todas diferentes entre si e todas iguais a nós: mulheres conflitadas, mas que podem contar umas com as outras em qualquer circunstância.

Recentemente recebi por e-mail um texto anônimo, em inglês, que falava justamente sobre isso: precisamos de mulheres a nossa volta. Amigas, filhas, avós, netas, irmãs, cunhadas, tias, primas. Somos mais chatas do que os homens, porém, entre uma chatice e outra, somos extremamente solidárias e companheiras de farras e roubadas. Esquecemos com facilidade as alfinetadas da vida e temos sempre uma boa dica para passar adiante, seja a de um filme imperdível, de uma loja barateira ou de uma receita para esquecer a dieta. Competitivas? Talvez, mas isso não corrompe em nada a nossa predisposição para o afeto, a nossa compreensão dos medos que são comuns a todas, a longevidade dos nossos pactos, o nosso abraço na hora da dor, a nossa delicadeza em momentos difíceis, a nossa humildade para reconhecer quando erramos e a nossa natureza de leoas, capazes de defender não só nossos filhotes, mas os filhotes de todo o bando. Aprendemos a compartilhar nossas virtudes e pecados e temos uma capacidade infinita para o perdão. Somos meigas e enérgicas ao mesmo tempo, o que perturba e fascina os que nos rodeiam. Brigamos muito, é verdade: temos unhas compridas não por acaso. Em compensação, nascemos com o dom de detectar o sagrado das pequenas coisas, e é por isso que uma amizade iniciada na escola pode completar bodas de ouro e uma empatia inesperada pode estimular confidências nunca feitas. Amamos os homens, mas casadas, mesmo, somos umas com as outras.

# INSATISFAÇÃO CRÔNICA

*Vicky Cristina Barcelona*, dir. Woody Allen, 2008

Que sou caidíssima por Woody Allen, todos sabem, e que arrasto uma asa para Pedro Almodóvar, também não é segredo. Então se pode imaginar o quanto saí satisfeita do cinema depois de assistir *Vicky Cristina Barcelona*. Satisfação, aliás, que os personagens do filme não parecem alcançar. Pudera: Doug que amava Vicky que amava Juan Antonio que amava Maria Elena que amava Cristina que não amava ninguém. O happy end nunca passou tão longe de uma história.

Que história? Duas jovens americanas resolvem passar férias na Espanha. Uma está noiva de um homem padrão e não quer saber de aventuras. A outra está para o que der e vier, basta que surja um guapo bem-disposto, e surge: um pintor que traz na bagagem uma separação mal resolvida com uma tresloucada e que resolve seduzir as duas turistas, mesmo com a ex-esposa na cola. Salve-se quem puder.

Mas não é um filme sobre desencontros. Ao contrário, é um filme sobre buscas. Dessa vez, Allen se permitiu ir além de si próprio: colocou pinceladas de uma ousadia almodovariana e, se eu não andei vendo coisas, há no roteiro algo de Truffaut também. O resultado é um filme universal, como universal tem sido a nossa insaciedade.

Num tempo nem tão distante, você podia fantasiar o que bem entendesse, desde que seguisse o manual de instruções: casar e ter filhos. Se, mais tarde, acontecesse o imprevisto de uma frustração extrema, então que se procurasse alguma saída, mas sem estardalhaço. Essa é a situação da anfitriã das turistas no filme, uma senhora casada há uns bons trinta anos que, mesmo ainda amando o marido, sonha com uma grande paixão, mas declara-se impossibilitada de reescrever sua própria história – sente que o tempo dela passou.

Já Vicky e Cristina têm o tempo jogando a favor e vivem numa sociedade que não cessa de manter bem alto o nível de excitação geral. Internet, cinema, novelas, livros, música: tudo nos conduz a pensar que a vida não tem o menor sentido se a gente não sentir prazer 25 horas por dia. E onde se esconde esse tal prazer? Se você procurá-lo num casamento, estará renunciando às alternativas. Se, ao contrário, passar em revista todo homem ou mulher que lhe der um sorriso promissor, tampouco terá garantia de encontrar o que procura. O que é que a gente procura? A tal festa no outro apartamento, a tal grama mais verde do vizinho, o tal êxtase que parece estar sempre na outra margem do rio.

Numa recente entrevista, Woody Allen disse que, de certa forma, tinha intenção de provocar tristeza com *Vicky Cristina Barcelona*. Ainda que o filme tenha mesmo um toquezinho melancólico, Allen é elegante e engraçado em qualquer situação, e o que ele consegue, como sempre, é apenas (apenas?) nos mostrar como é megalômano o projeto de alcançar a plenitude dos sentidos. Mas a gente não aprende e vai morrer tentando.

# Vidas secas

*O garoto da bicicleta*, dir. Jean-Pierre Dardenne e Luc Dardenne, 2011

Não é Graciliano Ramos, não é sobre o sertão, mas o filme francês *O garoto da bicicleta* também tem na aridez a sua força. Nada é úmido, nada é aguado, nada transborda no filme dos irmãos Jean-Pierre e Luc Dardenne. O garoto Cyrill, interpretado magnificamente pelo ator Thomas Doret, corre ou pedala em quase todas as cenas. Corre atrás de um pai que não o ama, corre atrás de uma infância que lhe foi interditada, corre atrás de promessas de afeto, corre atrás de si mesmo sem nem saber por onde começar a procurar-se. Em cerca de noventa minutos de projeção, ele dá apenas dois meios-sorrisos, o que equivale a um só, e contido. No resto do tempo, carranca, seriedade, perplexidade com um mundo que lhe virou as costas. Só quando enfim aceita a ideia de que tem um pai imprestável que nunca lhe dará os cuidados e o amor necessários é que percebe que existe um anjo a seu lado.

O mais curioso no filme é o comportamento desse anjo: uma cabeleireira bonitona que poderia estar tocando sua vida sem nenhuma responsabilidade maior a não ser trabalhar e namorar, mas que se compromete a cuidar de um guri surgido do nada, que nem parente é. Por que ela topa abrir mão da sua tranquilidade para ser guardiã de um menino-problema?

Porque sim. Só por isso.

Poderia ser uma história sentimentaloide, mas não há meio segundo de sentimentalismo no filme. Muito estranho. Não estamos acostumados com essa escassez de drama, ao menos não aqui, abaixo da linha do Equador, onde vivemos tudo entre lágrimas e sangue, amores e ódios líquidos. O filme mostra um menino de prováveis onze anos, talvez doze, não mais que treze, levando todas as bordoadas que a vida pode lhe dar e mais algumas, e uma moça segurando a barra dele como se fosse uma questão de destino apenas, e não de uma escolha. Ninguém chora, ninguém berra, ninguém reclama, ninguém se exalta. E nessa economia de demonstração externa dos sentimentos, salta no filme as dores silenciosas.

Elas. As dores silenciosas. As mais contundentes.

É um filme amparado por dois personagens extremamente raçudos. E eu fico me perguntando: quantos raçudos há entre nós? Quantas crianças tiveram o amor sonegado, levaram essa recusa de afeto como se fosse uma pedrada na cabeça, se deixaram abater pelo desânimo, cansaço e frustração, mas se levantaram, mesmo alquebrados, e seguiram vivendo do jeito que era possível?

A maior sacanagem do mundo é não dar amor a quem não espera outra coisa. Um filho não espera outra coisa dos pais.

A maior benção do mundo é receber amor de quem a gente menos espera. E esse amor pode vir de qualquer um.

# O BÁSICO

*Saneamento básico*, dir. Jorge Furtado, 2007

Uma vez um jornalista perguntou para Jean-Luc Godard como se faz um filme. O cineasta respondeu: "Sei lá, tente começar por contar seu dia, com a ajuda de um papel e um lápis. Conte de maneira diferente daquela que a polícia ou um funcionário público faria. Tente dizer algo diferente. Bom, você acordou, tomou seu café... Mas você sabe que não há somente isso. Tente saber o que é este 'não há somente isso'".

Lembrei desta entrevista enquanto assistia ao filme *Saneamento básico*, de Jorge Furtado. Numa das cenas, a personagem de Fernanda Torres está com um papel e um lápis em cima do colo tentando escrever um roteiro, coisa que nunca havia feito. Numa das partes mais divertidas do filme, ela se questiona sobre o que seria um filme de ficção, e depois de pesquisar aqui e ali com quem não entende xongas do assunto, conclui que é filme de monstro, e lá vai ela, feliz da vida, escrever seu trash movie.

Se a personagem tivesse lido a entrevista de Godard, saberia que a nossa vidinha cotidiana pode muito bem inspirar um filme de ficção, desde que a gente saiba pinçar o "não há somente isso" por trás do que parece banal. A personagem não sabia, mas Jorge Furtado sabe, e é por isso que *Saneamento básico* não é um filme de monstro, mas um filme sobre os bastidores das nossas esperanças, fantasias e tudo mais que a gente sente enquanto toma um café com leite e passa a manteiga no pão.

Jorge fez um filme sobre a construção de um filme. Estão ali todos os estágios, desde o surgimento da ideia, passando pela captação de verba, de imagens, trilha sonora, edição, até chegar à exibição e divulgação da obra, exatamente como acontece em qualquer produtora do mundo – só muda o orçamento. Mas, ao mesmo tempo que constrói, Jorge desconstrói: mostra que as coisas podem ser feitas de maneira simples e até improvisada, desde que não se abra mão da honestidade e do humor. Não o humor piadista, mas o humor que está por trás de tudo o que a gente vive: as discussões conjugais, a falta de dinheiro, as insatisfações com a política. Sábio é quem consegue rir dos seus pequenos dramas particulares.

Depois de perdermos em menos de 24 horas o intimismo de Ingmar Bergman e a angústia de Antonioni, é bom saber que contamos com a simplicidade inteligente de Jorge Furtado, e com ele saudar tudo aquilo que é econômico e de fácil compreensão, sem abrir mão do conteúdo. Saudar o que é limpo, o que desliza, o que enternece, o que é de verdade: sem poluição, sem desperdício e sem falcatrua. Um cinema básico, como as melhores coisas da vida costumam ser.

# O ÔNIBUS MÁGICO

*Na natureza selvagem*, dir. Sean Penn, 2007

Extasiada. Acho que essa é a palavra que resume como saí do cinema depois de assistir *Na natureza selvagem*, filme brilhantemente dirigido por Sean Penn, que conta a história de Christopher McCandless, um garoto americano de 23 anos que, depois de se formar, larga tudo e sai andarilhando pelo mundo até chegar ao Alasca, onde pretende levar às últimas consequências sua experiência de desprendimento, solidão e contato com a natureza. No meio do caminho, faz novos amigos e trabalhos temporários, tudo isso em meio a um cenário mais que deslumbrante e sob a trilha sonora de Eddie Vedder, vocalista do Pearl Jam.

Aconteceu de verdade. É a história real de Chris, mas poderia ser a história de muitos de nós – alguns que levaram esse sonho adiante anonimamente e outros (a maioria) que nem chegaram a planejá-lo, mas que sonharam com isso. Quem de nós – os idealistas – não imaginou um dia viver em liberdade total, sem destino, sem compromisso, recebendo o que o dia oferecesse, os desafios que viessem, em total desapego dos bens materiais e em comunhão absoluta com a natureza e as emoções? Só se você nunca teve vinte anos.

Chris, depois de muito trilhar pelas estradas, chega ao Alasca e encontra, em cima de uma montanha, a carcaça de um ônibus velho e abandonado, que ele logo trata de batizar de "ônibus mágico": faz dele seu lar. Ali ele dorme, escreve, lê, cozinha os animais que caça e vive plenamente a busca pela sua essência. É nesse lugar que consegue atingir um contato mais íntimo com o que ele é de verdade, até que um dia decide: ok, agora estou preparado para voltar, e quem viu o filme e leu o livro (sim, também há um livro) conhece o desfecho.

Esqueça o desfecho. Fixemos nossa atenção no ônibus mágico que cada um traz dentro de si, ainda. Ao menos aqueles que não perderam o idealismo, o romantismo e a porra-louquice da juventude. Eu conservo o meu "ônibus" e estou certa de que você tem o seu. Porque, francamente, tem hora que cansa viver rodeado de arranha-céus, com trânsito congestionado, ao lado de pessoas óbvias, tendo conversas inúteis e estando tão distante de mares, lagos e montanhas. Todo dia a gente perde um pouquinho da nossa identidade por causa de medos padronizados e cobranças coletivas. Antes de descobrir qual é a nossa turma, é bom estar agarrado ao que nos define, e isso a gente só vai descobrir se estiver em contato com nossos sentimentos mais primitivos. Não é preciso ir ao Alasca, não é preciso radicalizar, mas manter-se fiel à nossa verdade já é meio caminho andado.

# Pacaio

*Você vai conhecer o homem dos seus sonhos,*
dir. Woody Allen, 2010

Quando eu era menina, no colégio, fazíamos diversas brincadeiras que tentavam pressagiar o futuro. Uma dessas brincadeiras chamava-se "Pacaio". Não lembro bem como funcionava na prática, só sei que a gente pensava no nome de seis garotos de quem gostávamos (seis, que fartura) e cada letra que formava a palavra Pacaio selava o nosso destino em relação a eles: Paixão, Amor, Casamento, Amizade, Ilusão e Ódio. Minha cabeça dava um nó. Como era possível sentir paixão por Flavio e amor por Guto e ainda assim casar com Edu? Estava a caminho de me tornar uma mulher esquizofrênica, mas o que mais me intrigava era outra coisa: o destinatário da minha ilusão. Era tiro e queda: o nome do menino mais importante pra mim caía sempre na letra "i". Nem amor, nem paixão, nem casamento. Ilusão. Era tudo o que ele me ofereceria na vida. E a profecia se cumpriu.

    O garoto de quem eu gostava no colégio foi uma ilusão. E tudo o mais que desejei na adolescência foi uma ilusão também. Passei por esse período sem contabilizar grandes feitos. Apenas cumpria minha parte, tirando notas razoáveis na escola, enquanto aguardava o acontecimento bombástico que mudaria minha trajetória, acontecimento esse que eu nunca soube exatamente qual seria e, se chegou perto de acontecer, nem reparei.

Até que um dia cresci e me desapeguei desse estado lisérgico que pouco me ajudava a ir em frente. Troquei sonhos por objetivos e decretei que só a realidade me serviria. Me tornei viciada em realidade.

Ok, as ilusões fazem parte da realidade, mas nunca mais deixei que elas me sustentassem.

É possível que esse pragmatismo tenha contribuído para eu não me entusiasmar tanto pelo novo trabalho do Woody Allen, cineasta que é outro vício meu. Claro que é um filme agradável e inteligente, como tudo que ele faz, mas saí do cinema já ansiosa para assistir ao próximo, e sorte minha que ele produz em escala industrial. *Você vai conhecer o homem dos seus sonhos* é uma colagem de situações triviais protagonizadas por pessoas comuns que se amparam em suas ilusões e só recuperam o verdadeiro "eu" quando se confrontam com a realidade dos fatos. É um filme terno, delicado, sensível, mas não tem graça. A ilusão não tem graça mesmo. Paixão e amor têm. Casamento pode ter também. Ódio, nem se fala. Mas a ilusão, tanto no cinema como na vida, só ganha alguma relevância quando se alia ao sobrenatural (não por acaso, a única personagem do filme que se dá bem com sua ilusão busca reforço no espiritismo). Ilusão, por si só, nunca levou ninguém a lugar algum e raramente rende um bom final.

# BENDITA MALDITA

*Cássia Eller*, dir. Paulo Henrique Fontenelle, 2015

Assisti ao documentário sobre Cássia Eller e, ao terminar, pensei: tanta gente iria gostar, iria entender... ou não iria entender, mas ficaria mexido. O filme segue a cronologia do nascimento à morte, cobrindo a infância, as primeiras apresentações, as relações amorosas, a maternidade e, por fim, o sucesso. Mas é muito mais do que um simples registro biográfico, e o interesse que desperta não se restringe aos fãs. É uma aula sobre diversidade.

Cássia era tímida. Cássia era vulcânica. Cássia era um doce. Cássia era o demo. Cássia era recatada. Cássia era despudorada. Cássia era roqueira. Cássia era sambista. Cássia era macho. Cássia era fêmea.

Para muitos, o parágrafo acima traz inverdades. Cássia era avaliada pelo senso comum apenas pelo seu lado B, e foi enquadrando-a desse jeito, como uma Janis Joplin tupiniquim, que muitos a digeriram. Cantora talentosa e porra-louca: pronto, está carimbada. Pode colocar na estante dos estereótipos.

Só que não. Todas as afirmações acima estão corretas, e essa multiplicidade de facetas deixa o povo inquieto. As pessoas costumam querer saber direitinho com quem estão lidando, e esse "direitinho" implica em um perfil exato e coerente. Se não for assim, a maioria desiste e se afasta. Paradoxos dão trabalho.

Cássia Eller, além de encantar através da sua arte, confirmou que as pessoas não precisam ser malucas ou caretas, boazinhas ou endiabradas, isso ou aquilo. A conjunção alternativa – "ou" – exige que se tome uma posição, mas o fato de termos um caráter preponderante não aniquila a segunda hipótese. Mais vale enxergar o mundo através da conjunção aditiva: "e". Somos malucos *e* caretas, bonzinhos *e* endiabrados.

Cássia administrava, a seu modo, todas as mulheres e homens que nela existiam. Todas as sonoridades. Todas as reações. Ficava travada diante de um estranho, mas era uma leoa em cima de um palco. Ia de coturno para os bares, mas usava vestido floreado quando grávida. Tinha tudo dentro dela, e esse tudo transbordava conforme a demanda do momento, e se isso confunde, azar do confundido. É vida sendo vivida às ganhas.

No final, o documentário traz uma rápida, mas necessária reflexão sobre como a imprensa foi apressada e leviana ao noticiar a morte da cantora. E, com mais destaque, mostra como foi a disputa pela guarda de Francisco Eller, com oito anos na época. Numa decisão precursora, o garoto ficou com a companheira de Cássia, com quem vive até hoje. Chico, como é conhecido, está lançando seu primeiro CD e, aos 21 anos, é retraído como a mãe, ao menos para entrevistas. Quando alguém pergunta sobre sua história, em vez de responder, ele pega o violão e avisa: "a música é outro jeito de contar".

É sobre isso o documentário. Todos nós temos mil maneiras de nos contar.

# Do ataque de nervos ao ataque de risos

*Deixe a luz do sol entrar*, dir. Claire Denis, 2017
*Gloria Bell*, dir. Sebastián Lelio, 2018

Um ano atrás, assisti à grande Juliette Binoche no filme *Deixe a luz do sol entrar*, cujo tema é o amor na maturidade. Decepcionante. A personagem, na faixa dos cinquenta anos, é obcecada pelo amor romântico, como se nada mais na vida importasse: nem a filha, nem os amigos, nem a carreira. Infantilizada, chora baldes porque seus encontros não prosperam. Lá pelo fim do filme, Gérard Depardieu, sempre uma presença magnética, faz uma participação especial salvadora, dando um toque para a madame: o amor é a coisa mais importante da vida, mas, durante as entressafras, a solidão pode ser solar também. Descoberta que já não merece um "extra! extra!", vai dizer.

Agora estive no cinema para assistir a *Gloria Bell*, com temática semelhante, porém mais realista do que o filme francês: a espetacular Julianne Moore interpreta uma mulher divorciada, filhos criados e distantes, com amigos ocasionais e que vive às turras com um gato que invade sua casa, mas que ela não quer como companhia: prefere sair pra dançar e ver o que a vida oferece. Às vezes volta sozinha pra casa, às vezes passa a noite fora com um desconhecido, até que surge um cara em quem, tudo indica, vale a pena apostar. E a coisa não sai como o planejado, claro. A questão é até quando isso será tratado como o fim do mundo. Queremos amar e ser amados. Aos 18, aos 38, aos 58 anos e mais. Encontrar alguém não é difícil, fazer a coisa funcionar é que é. Quando jovens, queremos que nossas ilusões fechem com as ilusões do outro. Se não fecham, dói. Já na maturidade, nossas desilusões é que precisam fechar com as desilusões do outro – me parece um ponto de vista mais divertido para construir alguma coisa.

O que me incomoda em alguns filmes que tratam sobre o amor na maturidade é que há uma insistente inclinação para o drama, como se todo adulto fosse um esquizofrênico que não consegue conviver consigo mesmo. O amor, nesta etapa, deveria ser encarado como uma sorte, um presente, não como uma corda a ser agarrada. Não faz sentido agirmos como crianças indefesas lutando contra amores imperfeitos. A esta altura, deveríamos estar acostumados com as imperfeições. Já tivemos filhos e sabemos que eles não vêm embalados em papel celofane, já desacreditamos no "pra sempre", já entendemos que não existe gênio da lâmpada e desejos atendidos, então o que nos resta é se relacionar com humor, com leveza, sem tanto idealismo. O bom da maturidade é que ela nos deixa mais tolerantes com o que é frustrante, chato, incompleto, mantendo nosso foco na parte bacana da história. A gente descobre que o sentimento pode ser profundo, mesmo a relação tendo formato e duração diferentes dos casamentos convencionais. Óbvio que sofremos por amor em qualquer idade, mas a passagem do tempo nos refina. Então, no cinema como na vida: menos neura, mais ventura.

# ÍNDICE REMISSIVO DE FILMES

127 Horas  130
300 km por hora, A  9

Acima das nuvens  195
Across the Universe  118, 119
Alpha Dog  100
amores de Picasso, Os  175
Amy  64, 65, 66
Animais noturnos  26, 27
ano em que meus pais saíram de férias, O  143
Antes do amanhecer  164
Antes do pôr do sol  164, 190
Apertem os cintos... o piloto sumiu!  11
Aquarius  35, 36
Aqui é o meu lugar  109
Atração fatal  150, 151

barato de Grace, O  152
batalha de Argel, A  9
beijo roubado, Um  24
Birdman  136, 137
Biutiful  94, 95, 96
Bossa Nova  112
Boyhood  62, 63
BR 716  192

Café Society  35
Caramelo  204, 205
Cássia Eller  220
Cazuza, o tempo não para  147
Central do Brasil  85
Cidadão ilustre  184, 186
Cidade de Deus  85
Cisne negro  82
Closer: perto demais  158
Compramos um zoológico  18, 20
Crimes e pecados  56, 76, 77, 134

Deixe a luz do sol entrar  223
Dersu Uzala  9
diamante cor-de-rosa, O  9
discurso do rei, O  79
Down By Law  190

Eight Days a Week  67
Ela  32
Elle  21, 22
Em ritmo de aventura  9
Encontros e desencontros  167, 168
Estado de sítio  10
Estrela solitária  44

Eu, Daniel Blake 29, 30
Eu, você e todos nós 97, 98, 99
fabuloso destino de Amélie Poulain, O 21
Feios, sujos e malvados 9
festa de Margarette, A 145
Filadélfia 133
Flores de aço 133
Frances Ha 127

garota dinamarquesa, A 53
garota ideal, A 32
garotas do calendário, As 152
garoto da bicicleta, O 210
Gloria Bell 223
grande beleza, A 187

Hair 118
Hiroshima, meu amor 11

Igual a tudo na vida 155
Infidelidade 150, 151

Janela da alma 173, 174
Jogo de cena 139

Laços de ternura 134
Linha de passe 85, 86, 87
Livre 88
Love Story 9, 133
lugar na plateia, Um 118, 119
lutador, O 124, 125, 126

Machuca 143
mágico de Oz, O 9

Magnólia 112
Mar adentro 161
Marvada carne 10
Match Point 76, 77, 178
Matrix 165
Me chame pelo seu nome 70, 71
Medianeras 181
Meia-noite em Paris 178
Minha vida de cachorro 143
Minimalism 198, 199
Monsieur e madame Adelman 15
Mulheres do século XX 38, 40

Na natureza selvagem 215
Não se mova 190
Nas profundezas do mar sem fim 201
Night on Earth 190
Nosso amor de ontem 9

O que os homens falam 121, 122
On the Road 109

Para Roma, com amor 178
Para sempre Alice 50
Paris, te amo 91
Paterson 13, 14
pele que habito, A 170, 171
Pink Floyd – The Wall 118
pontes de Madison, As 12, 47, 133, 134, 151
Primeira geração 142, 144

Que horas ela volta? 103

Real beleza  47
Relatos selvagens  59, 60, 62

Saneamento básico  213, 214
Shine a Light  115, 116, 118
Sobre café e cigarros  190
Strangers than Paradise  190
Submarino amarelo  9

tambor, O  143
Terra das sombras  133
Tommy  118

Tropa de elite  85
Tudo pelo poder  20

Vicky Cristina Barcelona  207, 209
Vinicius  106
Você vai conhecer o homem dos seus sonhos  217, 218
Volver  73, 74

Z  10

lepmeditores
www.lpm.com.br
o site que conta tudo

IMPRESSÃO:

**PALLOTTI**
GRÁFICA

Santa Maria - RS | Fone: (55) 3220.4500
*www.graficapallotti.com.br*